世界地理全知道

小马车丛书编委会 编

中国地图出版社

北 京

图书在版编目（CIP）数据

世界地理全知道 / 小马车丛书编委会编 . -- 北京：中国地图出版社，2021.7
ISBN 978-7-5204-2217-8

Ⅰ . ①世… Ⅱ . ①小… Ⅲ . ①地理－世界－普及读物 Ⅳ . ① K91-49

中国版本图书馆 CIP 数据核字 (2021) 第 028625 号

SHIJIE DILI QUAN ZHIDAO

世界地理全知道

出版发行	中国地图出版社	邮政编码	100054
社　　址	北京市西城区白纸坊西街 3 号	网　　址	www.sinomaps.com
电　　话	010-83490076 83495213	经　　销	新华书店
印　　刷	保定市铭泰达印刷有限公司	印　　张	12
成品规格	170 mm × 240 mm		
版　　次	2021 年 7 月第 1 版	印　　次	2024 年 2 月 河北 第 3 次印刷
定　　价	28.00 元		
书　　号	ISBN 978-7-5204-2217-8		

前 言

地理，从某种意义上说是一种气质、一种教养，每一个崇尚自然、爱好探险、关注未来、乐观上进的人都会心向往之。地理环境是人类赖以生存和发展的空间。自古以来，人们对地理环境进行了不懈的探索。今天，人们又面临着资源短缺、环境污染、水土流失、沙尘暴频发等一系列重大问题。学习地理，关注环境，已成为许多人迫切的需要和自觉的行为；具备必要的地理知识，也成了现代公民的一种基本素养。

从北极到南极，从东方到西方，从日出到日落，从远古到今天，我们生活的地球处处令人怦然心动：大自然的鬼斧神工令人感叹造化的神奇，山崩地裂的磅礴气势使人感叹自然的力量，历史遗存的博大精深让人赞叹先人的智慧，失落文明的不解之谜让人生发探寻的冲动。

地球是由什么构成的？大气为什么可以保护我们的地球，让生物不受侵害？地球表面覆盖着陆地和海洋，那它们又是怎样分布的？在这幅异彩纷呈的画卷中，我们的未知总是多于已知，我们总有想象需要去证实。

本书作者根据丰富的地理知识和史料，编撰成这本集知识性、趣味性、科学性为一体的地理书籍。本书资料翔实，文字精练，其内容涵盖地球，地图系列，水循环和降水，气温和湿度，天气系统，气候系列，气象奇观，风系列，环境资源，海洋环境，洋底地貌、洋流和渔场，岩石、土壤和矿物，自然灾害，七大洲，四大洋，著名江河，著名湖泊，著名山脉，著名岛屿，著名海峡等方方面面。让读者轻松阅读浩博地理，从而丰富知识，开拓视野。

作者抛开枯燥的说教，浓缩世界地理之精华，为读者营造了感受世界自然地理和人文环境的良好氛围，相信定能展现给读者一个格外精彩、细致、博大的地理世界。

目 录

气候系列

气象奇观

风系列

环境资源

海洋环境

洋底地貌、洋流和渔场

岩石、土壤和矿物

自然灾害

七大洲

四大洋

著名江河

著名湖泊

著名山脉

著名岛屿

著名海峡

地　球

地球的诞生

在地球是如何诞生的这一问题上，至今学者们已经提出多种学说。现在流行的看法是：地球作为一颗行星，46亿年以前起源于原始太阳星云。它同其他行星一样，经历了吸积、碰撞这样一些共同的物理演化过程。地球形成伊始，温度较低，并无分层结构，由于陨石物质的轰击、放射性元素衰变致热和原始地球的重力收缩，地球温度逐渐升高。随着温度的升高，地球内部物质也就具有越来越大的可塑性，且有局部熔融现象。这时，在重力作用下物质开始分离，地球外部较重的物质逐渐下沉，地球内部较轻的物质逐渐上升，一些重的元素（如液态铁）沉到地球中心，形成一个密度较大的地核（地震波的观测表明地球外核是液态的）。物质的对流伴随着大规模的化学分离，最后地球就逐渐形成现今的地壳、地幔和地核等层次。

地壳

通俗地讲，地壳是地球的最外层，是岩石圈的重要组成部分，其底界为莫霍洛维奇不连续面（莫霍面）。整个地壳平均厚度约17千米，其中大陆地壳厚度较大，平均为33千米。高山、高原地区地壳更厚，最高可达70千米；平原、盆地地壳相对较薄。大洋地壳则远比大陆地壳薄，厚度只有几千米。

地壳可分为上下两层。上层化学成分以氧、硅、铝为主，平均化学组成与花岗岩相似，称为花岗岩层，亦有人称之为“硅铝层”。此层在海洋底部很薄，尤其是在大洋盆地地区，太平洋中部甚至缺失，是不连续圈层。下层富含硅和镁，平均化学组成与玄武岩相似，称为玄武岩层，亦有人称之为“硅镁层”（另一种说法，整个地壳都是硅铝层，因为地壳下层的铝含量仍超过镁；而地幔上部的岩石部分镁含量极高，称为硅镁层）。此层在大陆和海洋均有分布，是连续圈层。两层以康拉德不连续面隔开。

地幔

一般来讲，地幔是地球的中间层，位于莫霍面以下和古登堡面以上的地下33千米~2 900千米深处，随着深度的增加，压力可以达到50万~150万个大气压，温度1 200℃~3000℃。地幔的质量占地球总质量的67.8%；体积占地球总体积的82%；深度约从地壳底界到2 900千米，是地球内部体积最大、质量最大的一层。地幔主要由致密的造岩物质构成。它受地壳隔离，人们不能直接看到，只有火山喷发时，人们才可以一睹地幔的一部分“熔岩”，它像房子的帐幔一样遮住了人们从地壳角度察看地核的视线，故称其为“地幔”。

地幔可分成上地幔和下地幔两层。上地幔一般又称为软流层，成分接近于超基性岩即二辉橄榄岩的组成，很可能是岩浆的发源地。它的上部存在一个地震波传播速度减慢的层（古登堡低速层），地震波的传播速度比其上覆和下层都低。软流层以上的地幔是岩石圈的组成部分。下地幔的物质呈可塑性固态，温度、压力和密度均增大。1914年，古登堡根据地震波传播速度测定地核的深度为2 900千米，与现代精密测量的结果相差不大。因此，地核—地幔边界又称为“古登堡不连续面”。

地核

“地核”顾名思义指地球的核心部分，位于古登堡面（2 900千米）以下直到地心。它从下地幔的底部一直延伸到地球的核心部位，半径约为3 480千米，质量为1.88×10^{21}吨，占整个地球质量的31.5%，体积占整个地球的16.2%，比太阳系中的火星还要大。地核压力可达300万~360万个大气压，一般认为温度为2 000℃~3 000℃，或更高。地核的边界是一个极为明显的不连续面，纵波从13.6千米/秒下降到8.1千米/秒，横波突然消失。

地核又分为外地壳、过渡层和内地核三个层次。外地核的厚度为1742千米，平均密度约10.5克/厘米^3，物质呈液态，压力已达到136万个大气压。过渡层的厚度只有515千米，物质处于由液态向固态过渡的状态。内地核厚度1 216千米，平均密度增至12.9克/厘米^3，压力也增加到了360万个大气压。其主要成分以铁、镍为主，所以又称“铁镍核”。

板块学说

所谓板块指的是岩石圈板块，包括整个地壳和莫霍面以下的上地幔顶部，也就是地壳和软流圈以上的地幔顶部。一般说来，在板块内部，地壳相对比较稳定，而板块与板块交界处，则是地壳活动比较活跃的地带，这里火山、地震活动以及断裂、挤压褶皱、岩浆上升、地壳俯冲等现象频繁发生。新全球构造理论认为，不论大陆壳或大洋壳都曾发生并还在继续发生大规模水平运动。但这种水平运动并不像大陆漂移说所设想的，发生在硅铝层和硅镁层之间，而是岩石圈板块整个地幔软流层上像传送带那样移动着，大陆只是传送带上的“乘客”。

有学者将全球地壳划分为6大板块：太平洋板块、亚欧板块、非洲板块、美洲板块、印度洋板块（包括澳大利亚大陆）和南极洲板块。板块之间的边界是大洋中脊或海岭、深海沟、转换断层和地缝合线。这里提到的海岭，一般指大洋底部的山岭。在大西洋和印度洋中间有地震活动性海岭，又名中脊，由两条平行脊峰和中间峡谷构成。

地热

一般认为，地热是由于地球物质中所含的放射性元素衰变产生的热量。地球内部活动可以产生巨大的热能，有人估计，在地球的历史中，地球内部由于放射性元素衰变而产生的热量，平均为每年5万亿亿卡。这是多么巨大的热源啊！地球每一层的温度是不相同的，从地表以下平均每下降100米，温度就升高3℃。在地热异常区，温度随深度增加得更快。其中一部分热量以特定的形式到达特定地表，因此，人们能够利用地球内部的热量获取生产生活必需的能源，这是地热对人类的一大贡献。

多数地热资源都存在于活火山活动地区。温泉、间歇泉、沸泥浆池以及喷气孔是最容易开发的资源。地热可以用来加热浴池和房屋，地热的最佳利用方式为发电。意大利科学家在1904年首先使用地热来发电。1981年8月，在肯尼亚首都内罗毕召开了联合国新能源会议，据会议技术报告介绍，全球地热的潜在资源约为现在全球能源消耗总量的45万倍。地热资源的总量约为煤全部燃烧所放出热量的1.7亿倍。

地球蕴含着丰富的地热资源，等待我们去开发。

极光

在地球南北两极附近地区的高空，夜间常会出现灿烂美丽的光辉。它有时像彩带，有时像火焰，有时又像五光十色的屏幕。它轻盈地飘荡，同时忽暗忽明，发出红的、蓝的、绿的、紫的光芒。这种壮丽动人的景象就叫作“极光”。

极光多彩多样，形状不一，绚丽无比。它出现的时间有长有短，有时如节日的焰火在空中一闪而过，有时却可以在苍穹之中辉映几个小时；有时像一条彩带，有时又像一张五光十色的巨大银幕；有时极光出现在地平线上，犹如晨光曙色；有时极光如山茶吐艳，一片火红；有时极光密聚一起，犹如窗帘幔帐；有时它又射出许多光束，宛如孔雀开屏，蝶翼飞舞。通常认为极光是来自太阳的微小高能粒子在遇到地球磁场受阻后偏向的结果。另一说极光是太阳高能粒子在地球磁场作用下和地球外层大气中氧氮原子撞击产生的辉光。太阳每11年左右有一个非常活动期，发出大量高能粒子进入宇宙空间，此时出现的极光最为瑰丽壮观。

潮汐

潮汐指海水表面规则的、周期性起落的现象，是沿海地区经常发生的一种自然现象。古代称白天的为“潮”，晚上的为“汐”，合称为“潮汐”，它的发生和太阳、月球都有关系，也和我国传统农历对应。在农历每月的初一，太阳和月球在地球的一侧，就有了最大的引潮力，所以会引起“大潮”；在农历每月的十五或十六附近，太阳和月球在地球的两侧，太阳和月球的引潮力你推我拉也会引起“大潮”；在月相为上弦和下弦时，即农历的初八和二十三时，太阳引潮力和月球引潮力互相抵消了一部分，所以就发生了“小潮”，故农谚中有“初一十五涨大潮，初八二十三到处见海滩”之说。

日食和月食

日食：当太阳、月球、地球运行至约成一条直线时，如月球阴影掠过地球，会造成日食。依目视太阳被月球遮掩的多少，可区分出日偏食、日全食和日环食。当日全食发生时，我们在地球上可看到平日因强烈阳光而不易看出的太阳闪焰、太阳日珥等太阳表面现象。日全食的延续时间不超过7分31秒，日环食的最长时间是12分24秒。

月食：当太阳、地球、月球运行至约成一条直线时，如月球运行到地球阴影内，则会形成月食。依地球遮蔽阳光照射到月球的多少，可区分出月偏食和月全食。地球的直径大约是月球的4倍，在月球轨道处，地球的本影的直径仍相当于月球的2.5倍。所以当地球和月球的中心大致在同一条直线上，月球就会完全进入地球的本影，而产生月全食。而如果月球始终只有部分被地球本影遮住时，即只有部分月球进入地球的本影，就发生月偏食。月球上并不会出现月环食，因为月球的体积比地球小得多。

公转与四季交替

地球围绕着太阳运动，叫作地球的公转运动。但是人们生活在地球上看到的却是日月星辰绕地球运行，是哥白尼等人的研究才发现了地球绕太阳旋转的事实。现代对恒星光行差、恒星视差的发现更加证明了这一事实。地球公转轨道呈椭圆形，太阳处在它的一个焦点上。从北极上空看，地球公转方向和自转方向相同，都是自西向东，公转的实际周期是一年，也称为恒星年，即365.25636日。公转速度与距离太阳的远近有关，在近日点时速度快，远日点时速度慢，这导致了夏半年比冬半年多7天。由于地球是斜着身子公转的，处在黄道不同的位置对地球表面不同部位的受热情况有很大影响，倾向太阳的位置比相反的位置得到的热量多，这样就形成了许多地方的季节变化，从而有了四季交替。

自转与昼夜交替

自转是地球的一种重要运动形式。地球不停地绕自转轴自西向东自转，平均角速度每秒7.292×10^{-5}度，在地球赤道上的自转线速度为每秒465米。各种天体东升西落的现象都是地球自转的反映，昼夜交替就是地球自转的结果。地球自转是最早用来作为计量时间的基准（日）。20世纪以来，天文学家确认地球自转速度是不均匀的，从而出现了历书时和原子时。地球自转速度有

三种变化：长期减慢、不规则变化和周期变化。根据地球自转速度的长期减慢理论推算，3.7亿年以前，每年约有400天。引起地球自转速度长期减慢的主要原因可能是潮汐摩擦。周期变化主要是由风的季节性变化引起的。地球自转变化，还包括地球自转轴方向的变化。自转轴在空间的运动就是岁差和章动，自转轴在地球本体内的运动就是极移。

地球是一个不透明的球体，所以被太阳光照射的半个球面形成白昼（即昼半球），而背着太阳光的另外半个球面则是黑夜（即夜半球）。由于地球自西向东不停地自转，这样便产生了昼夜交替的现象。

世界时

世界时是以地球自转运动为标准的时间计量系统。地球自转的角度可用地方子午线相对于天球上的基本参考点的运动来度量。为了测量地球自转，人们在天球上选取了两个基本参考点：春分点和平太阳。

以春分点作为基本参考点，由春分点周日视运动确定的时间，称为恒星时。某一地点的地方恒星时，在数值上等于春分点相对于这一地方子午圈的时角。以平太阳作为基本参考点，平太阳时的基本单位是平太阳日，一个平太阳日包含24个平太阳小时。1960年以前，世界时曾作为基本时间计量系统被广泛应用，由于地球自转速度变化的影响，它不是一种均匀的时间系统。但它与地球自转的角度有关，所以对日常生活、天文导航、大地测量和宇宙飞行器跟踪等仍是必需的。

本初子午线

19世纪以前，许多国家采用通过大西洋加那利群岛耶罗岛的子午线作为测量标准。19世纪上半叶，很多国家又以通过本国主要天文台的子午线为本初子午线。这样一来，在世界上就同时存在几条本初子午线，给后来的航海及大地测量带来了诸多不便。为了协调时间的计量和确定地理经度，1884年在华盛顿举行的国际子午线会议上决定，采用英国伦敦格林尼治天文台（旧址）埃里中星仪所在的子午线作为时间和经度计量的标准参考子午线，称为本初子午线，因为规定它的经度为0°，又称零子午线。这条子午线作为世界标准“时区”的起点。后来这一天便定为“国际标准时间日”。经度值自本初子午线开始，分别向东、西计量，各自0-180°。本初子午线以东为东经，以西为西经，全球经度测量均以本初子午线与赤道的交点作为经度原点。1957年后，格林尼治天文台迁移台址，国际上改用若干个长期稳定性好的天文台来保持经度原点，由这些天文台原来的经度采用值反求各自的经度原点，再对这些经度原点进行统一处理，最后求得平均天文台经度原点，并把通过国际通用原点和平均天文台经度原点的子午线称为本初子午线。

时区与区时

为了有一个统一的时间标准，1884年在华盛顿召开的一次国际经度会议上，规定将全球划分为24个时区。时区的划分是以本初子午线为标准线，它们是中时区（零时区）、东1-12区，西1-12区。每个时区横跨经度15°，时间正好是1小时。最后的东、西12区各跨经度7.5°，以东、西经180°为界。每个时区的中央经线上的时间就是这个时区内统一采用的时间，称为区时。相邻两个时区的时间相差1小时。例如，我国东8区的时间总比泰国东7区的时间早1小时，而比日本东9区的时间晚1小时。因此，出国旅行的人，必须随时调整自己的手表，才能和当地时间相一致。凡向西走，每过一个时区，就要把表调慢1小时；凡向东走，每过一个时区，就要把表调快1小时。

时区是一种理想的标准时间制度。实际上，时区的界线并不完全按照经线，而往往是参照各国的行政区划和自然界线来划分的，各国都是根据自己的需要来确定本国的统一时间。但是全世界多数国家都采用以时区为单位的标准时，并与格林尼治时间保持相差整小时数。

地图系列

地图的主要类型

地图有多种分类方法。

按照比例尺大小分为：大比例尺地图、中比例尺地图和小比例尺地图。

按照内容分为：普通地图和专题地图。其中，普通地图是一种通用地图，图上描绘的是一个地区自然地理和社会经济的一般特征，可以表示水系、居民点、道路网、地貌、土壤、植被等。专题地图适用于某一专业部门的专门需要，指的是以普通地图为底图，着重表示其中的某种或几种要素。专题地图通常分为自然地图、人口图、经济图、政治图、文化图、历史图等。

按照制图区域范围分为：世界图、大洲图、大洋图、国家图、省市区图等。

按照用途分为：航空图、海洋图、海岸图、天文图、交通图、旅游图等。

地平面上的8个方向

地平面上的八个方向指的是东、东南、南、西南、西、西北、北、东北这8个方向。一般用这8个方向在地图上表示物体的位置。

地图比例尺

地图比例尺指的是图上某线段的长度与相应实地距离之比。列成公式即：比例尺=图上距离/实地距离。地图比例尺常以图形结合文字、数字表示，一般绘注在地图的下方。地图一般分为以下几种：

大比例尺地图：1:500、1:1 000、1:2 000、1:5 000和1:10 000的地图；

中比例尺地图：1:25 000、1:50 000、1:100 000的地图；

小比例尺地图：1:250 000、1:500 000、1:1 000 000的地图。

地图比例尺的表现形式

传统地图上的比例尺通常有以下几种表现形式：数字式比例尺、

文字（说明）式比例尺、图解式比例尺。

数字式比例尺：可以写成比的形式，例如，1:10 000、1:25 000 和 1:50 000 等，也可以写成分式的形式，例如，1/10 000、1/25 000 和 1/50 000 等。

文字（说明）式比例尺：可以分为两种，一种是写成“一万分之一”“百万分之一”等；另一种是写成“图上 1 厘米等于实地 1 百米”“图上 1 厘米等于实地 10千米”等。

图解式比例尺：可以分为直线比例尺、斜分比例尺和复式比例尺。直线比例尺是以直线段形式表明图上线段长度所对应的地面距离。斜分比例尺又称微分比例尺，是一种根据三角形相似原理制成的图解比例尺。在小比例尺地图上，由于经纬线的变形不同，为了便于长度的测量，又设计了复式比例尺。

地图注记

地图注记是地图上说明图面要素的名称、质量与数量特征的文字或数字的统称。地图注记由字体、字号或字级、字隔及排列方向、位置、色彩 5 个因素构成。地图注记用不同字体和颜色区分不同事物；用注记的等级大小反映事物分级以及在图上的重要程度；用注记位置以及不同字隔和排列方向表现事物的位置、伸展方向和分布范围。注记字体要遵循明显性、差异性和习惯性这几个原则。地图注记可以分为名称注记和说明注记。

名称注记指地理事物的名称。例如，山川、江、河、地区、国家、岛屿名称等，并且要求标准化书写。

说明注记又分为文字注记和数字注记两种，用于补充说明制图对象的质量或者数量属性。例如，海拔、比例、路宽、水深、承压能量等。

等高线

气地图上地面高程相等的各相邻点所连成的曲线。分有：（1）首曲线，从高程基准面起算，按固定等高距描绘的等高线；（2）计曲线，从高程基准面算起，每隔四条（或三条）首曲线加粗的一条等高线；（3）间曲线，按二分之一固定等高距描绘的等高线；（4）助曲线，按四分之一固定等高距描绘的等高线。

等压线

同一高度上气压值相同各点的连线。可显示空间某一平面上气压系统的分布状况。地面天气图上，由于各测站海拔不同，需将测站气压统一订正为海平面气压。习惯上每隔 2.5 百帕或者 5 百帕画一条等压线。在其两端或闭合等压线的北方标注气压值。

等高线地形图

地面上高度相等的相邻各点连成的闭合曲线称为等高线。等高线表示地势的起伏，也可以根据等高线的疏密和弯曲程度来判断地貌的类型和坡度陡缓。地形图上的等高线分为首曲线、计曲线、间曲线和助曲线等。首曲线又叫基本等高线，用来显示地貌的基本形态；计曲线又叫加粗等高线，用来计数图上的等高线和判定高度；间曲线又叫半距等高线，用来显示首曲线不能显示的某段局部地貌；助曲线又叫辅助等高线，用来显示间曲线仍然不能显示的地貌。地形图上相邻两条高程不同的等高线之间的高差称为等高距。等高距越小则图上等高线越密，地貌显示就越详细、越精确；等高距越大则图上等高线就越稀，地貌显示就越粗略。

等深线地形图

江河、湖泊或海洋中，深度相等的相邻各点连接所成的封闭曲线叫作等深线。在同一条等深线上的各点深度相等。在地形图上，等深线可表示海洋或湖泊的深度，海底或湖底地形的起伏。

各国确定深度基准面的方法不同，我国在 1956 年以前采用最低潮面作为深度基准面。1956 年后采用弗拉基米尔理论最低潮面作为深度基准面。潮汐变化不大的江河和湖泊，一般采用设计水位作为深度基准面。水下等深线与陆上等高线正负方向相反，等深线上的数值越大表示水越深，即地势越低。在海底地势图上采用细实线加数字注记的方法表示等深线；在航海图上用断续的点线来表示等深线。

地形图

地形图指的是采取实地测量或者根据有关资料编绘，以表示地形为主的地图。地形图按照比例尺可以分为大比例尺地形图、中比例尺地形图和小比例尺地形图。大比例尺地形图的制图区域范围比较小，能比较详细而精确地表示一个地区的地形等。因此，我们可以借助地形图初步了解一个地区的地形、地物、自然地理等情况，甚至能初步分析判断某些地质情况，可以利用地形图制作地形剖面图，还可以用地形图选择工作路线，制订工作计划。地形图对野外地质工作具有重要意义。

地貌图

地貌图指的是反映一个地区地貌形态、成因或者有关地貌要素的专题地图。它图像清晰，层次丰富，图例简明。它表示的是岩石圈与水圈、大气圈之间起伏界面的陆地地貌和海底地貌分布状况及其发生与发展规律。另外，地貌图还表现地形的成因。

地理坐标

地理坐标指的是用地理经度和地理纬度表示地面上点的位置的球面坐标。我们经常将地球近似地看作一个球体，那么地理坐标系的基圈是地球赤道，它相当于平面直角坐标系中的横轴。主圈是 0°经线，即本初子午线，它相当于平面直角坐标系中的纵轴。而经纬网就是加在地球表面的地理坐标参照系格网，经度和纬度是从地球中心对地球表面给定点测量得到的角度，经度代表东西方向的变化，而纬度代表南北方向的变化，经线从地球南北极穿过，纬线是平行于赤道的环线。例如，我国首都北京位于北纬 40°和东经 116°的交点附近，昆明位于北纬 25°和东经 103°的交点附近。

水循环和降水

水循环

在太阳能和地球表面热能的作用下，地球上的水不断被蒸发成为水蒸气，进入大气。水蒸气遇冷又凝聚成水，在重力的作用下，以降水的形式落到地面，这个周而复始的过程，称为水循环。

众所周知，水是一切生命机体的组成物质，也是生命代谢活动所必需的物质，又是人类进行生产活动的重要资源。所以水循环有着重要的意义，它维护着全球水的动态平衡；进行能量交换和物质转移，陆地径流向海洋源源不断地输送泥沙、有机物和盐类；对地表太阳辐射进行吸收、转化和传输，缓解不同纬度间热量收支不平衡的矛盾；是侵蚀、搬运、堆积等外力作用的重要组成部分，不断塑造地表形态。地球上的水分布在海洋、湖泊、沼泽、河流、冰川、雪山，以及大气、生物体、土壤和地层。地球上水的总量约为 13.86 亿立方千米，其中 97%在海洋中，约覆盖地球总面积的 70%，陆地、大气和生物体中的水只占很少一部分。

水系

水系是江、河、湖、海、水库、渠道、池塘、水井等及其附属地物和水文资料的总称。水系分为以下 8 种类型。树枝状水系：干支流呈树枝状，是水系发育中最普遍的一种类型，一般发育在抗侵蚀力较一致的沉积岩或变质岩地区。扇形水系：干支流组合而成的流域轮廓形如扇状。这种水系汇流时间集中，易造成暴雨。羽状水系：干流两侧支流分布较均匀，近似羽毛状排列的水系。这种水系汇流时间长，暴雨过后洪水过程缓慢。例如西南纵谷地区，干流粗壮，支流短小且对称分布于两侧，是羽状水系的典型代表。平行状水系：支流近似平行排列汇入干流的水系。这种水系当暴雨中心由上游向下游移动时，极易发生洪水。格子状水系：由干支流沿着两组垂直相交的构造线发育而成。例如闽江水系。此外，还有梳状水系，即支流集中于一侧，另一侧支流少。最后是放射状水系及向心状水系，前者往往分布在火山口四周，后者往往分布在盆地中。通常大河由两种或两种以上水系组成。

流域

流域指由分水线所包围的河流集水区，分地面集水区和地下集水区两类。如果地面集水区和地下集水区相重合，称为闭合流域；如果不重合，则称为非闭合流域。平时所称的流域，一般都指地面集水区。

一般说来，每条河流都有自己的流域，一个大流域可以按照水系等级分成数个小流域，小流域又可以分成更小的流域。另外，也可以截取河道的一段，单独划分为一个流域。流域之间的分水地带称为分水岭，分水岭上最高点的连线为分水线，即集水区的边界线。处于分水岭最高处的大气降水，以分水线为界分别流向相邻的水系。

地下水

广泛地说，埋藏于地表以下的各种状态的水，统称为地下水。大气降水是地下水的主要来源。

根据地下水埋藏条件的不同，地下水可分为上层滞水、潜水和自流水3大类。上层滞水是由于局部的隔水作用，使下渗的大气降水停留在浅层的岩石裂缝或沉积层中所形成的蓄水体。潜水是埋藏于地表以下第一个稳定隔水层上的地下水，通常所见到的地下水多半是潜水。当潜水流出地面时就形成泉。自流水是埋藏较深的、流动于两个隔水层之间的地下水。这种地下水往往具有较大的水压力，特别是当上下两个隔水层呈倾斜状时，隔水层中的水体要承受更大的水压力。当井或钻孔穿过上层顶板时，强大的压力就会使水体喷涌而出，形成自流水。

水圈

众所周知，水是一切有机物的生长要素，也是生命的母亲，如果地球上没有水，也就没有生命。水圈是地球表层水体的总称。水体指由天然或人工形成的水的聚积体，例如海洋、河流（运河）、湖泊（水库）、沼泽、冰川、积雪、地下水和大气圈中的水等。这些水体形成一个断断续续围绕地球表层的水壳即水圈。水圈同大气圈、岩石圈和生物圈共同组成地球外壳最基本的自然圈层。水圈中水的总体积约为13.86亿立方千米，海洋占总水体的97%，冰占2.1%，陆地水占

0.6%。若将水圈中的水均匀平铺在地球表面，水深约2718米。水圈处于连续的运动状态。大气圈中水的更新周期约为8天，河水约为16天，土壤水约为1年，深部地下水约为1 400年，大洋约为2 500年，极地冰川约为1万年。海洋是水圈中最大的水体。大陆冰盖、冰川和永久积雪是水圈中最大的淡水水体。若全球大陆冰雪全部消融，现在的洋面将升高约70米，并引起全球水循环的变化。

降水

降水指的是从云雾降落到地面的液态水或固态水。它是水循环的重要组成部分，常见的形式有雨、雪、雹等。降水的形成主要取决于上升气流的强弱和水汽供应量是否充足。例如，暖湿的空气与冷空气交汇，促使暖湿空气被冷空气强迫抬升，或由暖湿空气沿锋面斜坡爬升，会产生降水；夏日的地方性热力对流，使暖湿空气随强对流上升形成小型积雨云和雷阵雨；地形的起伏，使暖湿空气在迎风坡产生强迫抬升，也会产生降水，但这是一个次要因素。一般情况下，它和前两种过程结合影响降水量的地理分布。

降水按性质又可分为连续性、阵性和间歇性降水。连续性降水持续时间较长，降水强度变化不大；阵性降水开始和停止都比较突然，降水强度变化较大；间歇性降水的降水强度较弱，并伴有长时间的断续现象。

雨

众所周知，雨是一种常见的自然现象。雨有很多种类，除了我们平时常见的雨外，还有酸雨、有颜色的雨。另外还有许多有趣的雨，例如蛙雨、铁雨、金雨，甚至钱雨，它们都是龙卷风的杰作。那么雨是怎样形成的呢？

地球表面的水受到太阳光的照射，达到一定的温度后就会变成水蒸气蒸发到空气中去。水蒸气在高空遇到冷空气便凝结成小水滴。这些小水滴都很小，直径只有0.01~0.02毫米，最大也只有0.2毫米。它们又小又轻，被空气中的上升气流托在空中。这些小水滴要变成雨滴降到地面，它的体积要增大100多万倍。这些云滴互相碰撞，体积便会增大，另外凝结和凝华也会使小云滴体积增大。在雨滴形成的初期，云滴主要依靠不断吸收云体四周的水汽来使自己凝结和凝华。如果云体内的水汽能源源不断地得到供应和补充，使云滴表面经常处于过饱和状态，那么，这种凝结过程将会继续下去，使云滴不断增大，成为雨滴。但有时云内的水汽含量不够多，同一块云里水汽往往供不应求，这样就不可能使每个云滴都增大为较大的雨滴，有些较小的云滴被归并到较大的云滴中去。如果云内出现水滴和冰晶共存的情况，那么，这种凝结和凝华增大过程将大大加快。大云滴的体积和重量会不断增加，当大云滴越长越大，最后大到空气再也托不住它时，便从云中直落到地面，成为我们常见的雨水。

降水量

所谓降水量指的是从天空降落到地面上的液态和固态（融化后）的降水，没有经过蒸发、渗透和流失而在水平面上积聚的深度。把一月内的降水量相加，为月降水量；一年内的降水量相加，为年降水量。一般气象上用降水量来区分降水的强度，它的单位是毫米，可分为小雨、中雨、大雨、暴雨、大暴雨、特大暴雨，小雪、中雪、大雪和暴雪等。

世界雨极

世界雨极，顾名思义就是世界上雨下得最多的地方。那么它指的是哪里呢？1861 年，位于喜马拉雅山脉南麓的印度梅加拉亚邦的乞拉朋齐，一年里下了 20 447 毫米的雨量，夺得了世界“雨极”的称号。以后来自世界各大洲的年雨量记录，都对这个数字可望而不可即。时隔 99 年以后，就是 1960 年 8 月到 1961 年 7 月乞拉朋齐一年降水量 26 461.2 毫米，这是一个十分惊人的数字，它比台湾省火烧寮于 1912 年创造的我国“雨极”的纪录 8 408 毫米多了 18 053.2 毫米，比北京 42 年的总降水量还多。乞拉朋齐以这个“优异的成绩”打破了它自己的纪录，获得了世界“雨极”的荣誉！

雪

地球上的水是在不断循环运动的，降水是水循环的一部分。这种降水一般分为两种：一种是液态降水，就是雨；另一种是固态降水，

就是我们见到的美丽的雪花或冰雹。

在天空中运动的水汽想要结晶，形成降雪必须具备两个条件：一是水汽饱和。空气在某一个温度下所能包含的最大水汽量，叫作饱和水汽量。空气达到饱和时的温度，叫作露点。饱和的空气冷却到露点以下的温度时，空气里就有多余的水汽变成水滴或冰晶。因为冰面饱和水汽含量比水面要低，所以冰晶生长所要求的水汽饱和程度比水滴要低。也就是说，水滴必须在相对湿度（相对湿度指空气中的实际水汽压与同温度下空气的饱和水汽压的比值）不小于100%时才能增长；而冰晶呢，往往相对湿度不足100%时也能增长。例如，空气温度为-20℃时，相对湿度只有80%，冰晶就能增长了。气温越低，冰晶增长所需要的湿度越小。因此，在高空低温环境里，冰晶比水滴更容易产生。形成降雪的另一个条件是空气里必须有凝结核。所以我们有时会见到天空中有云，却不见降雪。凝结核是一些悬浮在空中的微小的固体微粒，最理想的凝结核是那些吸收水分最强的物质微粒，例如海盐、硫酸、氮和其他一些化学物质的微粒。

雪线

雪线是--种气候标志线，也称为固态降水的零平衡线。雪线升降是古气候变化的重要标志之一，第四纪时期几次大的气候波动，出现冰期和间冰期，都引起雪线的大幅度升降。雪线高度不仅有空间差异，在时间上也有一定变化。空气变冷、变湿，导致雪线降低；反之，引起雪线上升。这种变化有季节性的，也有多年性的。其分布高度主要取决于气温、降水量和地形条件。雪线高度从低纬度向高纬度地区降低，反映了气温的影响。在高纬度和高山地区永久积雪区的下部界线，称为雪线。在雪线以上，气温较低，全年冰雪的补给量大于消融量，形成了常年积雪区；在雪线以下，气温较高，全年冰雪的补给量小于消融量，不能积累多年冰雪，只能是季节性积雪区；在雪线附近，年降雪量等于年消融量，达到动态平衡，故又称零平衡线。在中国西部，从青藏高原、昆仑山往北到天山、阿尔泰山，雪线高度由6 000米依次下降到5 500米、3 900~4 100米和2 600~2 900米。再往北到北极地区，雪线降至海平面。在气温相同的条件下，雪线高度取决于年降雪量的多少。

蒸发量

通常情况下，蒸发量指在一定时段内，水分经蒸发而散布到空中的量。在地球上，由于各地地形和气候的不同，蒸发量的大小也就不同。蒸发量通常用蒸发掉的水层厚度的毫米数表示，水面或土壤的水分蒸发量可以分别用不同的蒸发器测定。一般温度越高、湿度越小、风速越大、气压越低，则蒸发量就越大；反之蒸发量就越小。测量蒸发的仪器常用的有小型蒸发器、大型蒸发桶和蒸发皿等。我国蒸发量最大的地区是青海省的察尔汗盐湖，年平均蒸发量为 3 518 毫米。各个大洲（不包括南极洲）的蒸发量从大到小依次为亚洲、非洲、南美洲、北美洲、大洋洲、欧洲。

蒸发不仅与降水相互依存，它还与地面的河流有关。实际蒸发量与降水量应该是相等的，但在极度干旱的地区降水量很小。我国的沙漠地区就是这样的，地面上没有河流，甚至连干枯的小沟也没有。河流的源头或上游地区的降水量要比实际的蒸发量大。这些多余的水分便形成了河流，并慢慢地流进了海洋或湖泊。

气温和湿度

气温变化的原因

太阳辐射通过大气时，直接被大气吸收的很少，空气增温不显著。太阳辐射被地面吸收后，以地面辐射和对流、湍流、蒸发与凝结等方式将能量传给大气，大气由此而增温，大气与地面之间不断进行热量交换，从而引起了气温升高或降低。当空气的热量收入大于支出时，内能增加，气温则升高；当空气的热量支出大于收入时，内能减少，气温则降低；当空气的热量支出与收入相等时，气温则保持不变。不同的地区、不同的时间，气温的变化也会有所不同。气温的变化与气候的变化直接相关，也与人类的活动有着联系。比如，越来越多的温室气体排放，造成的温室效应使得全球气候变暖，当然气温也会升高。

气温日变化

气温日变化指的是以一日为周期的气温变化规律，这种变化离地面越近越明显。气温日变化有两种特征。一种是最高气温和最低气温出现的时间。一般一天中的最低气温出现在清晨日出之前，因为夜间地面热量亏损，清晨太阳还没有出来，没有太阳辐射能，地表温度比较低。最高气温出现在 14 时左右，此后太阳辐射开始减弱，但地面获得的太阳辐射能仍然比地表辐射出去的能量多。另一种是气温日较差。一天中最高气温和最低气温的差值称为气温日较差。气温日较差可以反映一个地方的气候特征。它的大小因纬度、地表性质、季节和天气状况等的不同而不同。

气温年变化

气温年变化是以一年为周期的气温变化规律，它有两种特征。一种是极值出现的时间。赤道地区一年之中气温变化有两个最高值和两个最低值。最高值出现在春分和秋分之后，最低值出现在冬至和夏至之后。赤道地区以外世界上绝大部分地区，一年中月平均气温有一个最高值和一个最低值。出现的时间由于地区的不同而不同。北半球最热月一般出现在 7 月，最冷月出现在 1 月。海洋上则分别出现在 8 月和 2 月。另一种是气温年较差。一年中最热月和最冷月平均气温的差值称为年较差。气温年较差的大小也由于纬度、海陆分布等的不同而不同。

湿度

湿度指的是大气湿度，是用来表示空气中水汽含量和潮湿程度的物理量。可以用水汽压、相对湿度、绝对湿度表示。一般最常用的是相对湿度。白天温度高，蒸发快，进入大气的水汽就多，水汽压就大，夜间正好相反。一般每天最高值出现在午后，最低值出现在清晨。在海洋上或者在大陆上的冬季，多属于这种情况。但是在大陆上的夏天，水汽压有两个最大值，一个出现在9—10时，另一个出现在21—22时。在10时以后，对流发展旺盛，地面蒸发的水汽被上传给上层大气，使下层水汽减少；22时以后，对流虽然减弱，但温度已经降低，蒸发也就减弱了。与这两个最大值对应的是两个最小值，一个最小值出现在清晨日出前温度最低的时候，另一个最小值出现在午后对流最强的时候。相对湿度的大小，不但受水汽压控制，还受温度的控制。气温升高时，虽然地面蒸发加快，水汽压增大，但这时饱和水汽压随温度升高而增大得更多些。

天气系统

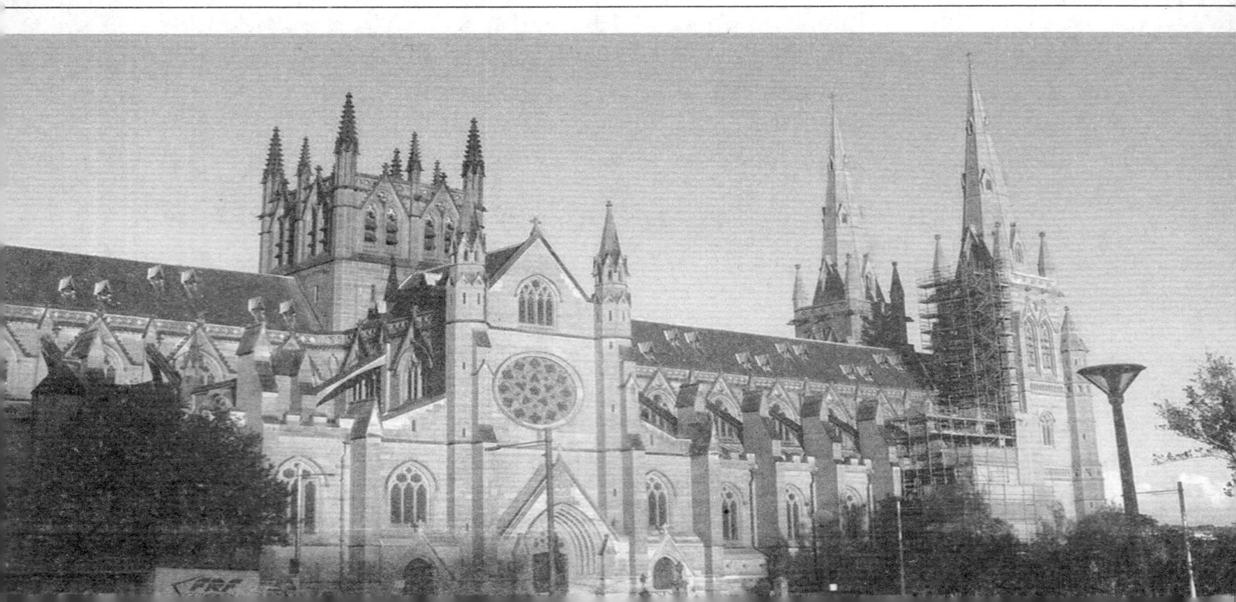

天气系统

天气系统指的是按照气象要素的空间分布而划分的具有典型特征的大气运动系统。它是一个显示大气中天气变化以及分布的独立系统。不同的天气系统会形成不同的天气，多种天气系统的组合会构成大规模的天气系统。天气系统的发生、发展、减弱和消亡都与天气形势有着密切的关系。

天气系统通常指气压空间分布所组成的系统，按气压划分有高压、低压、高压脊、低压槽等。按风分布的系统划分有气旋、反气旋、切变线等。按温度划分有高温区、低温区、锋区等。按天气现象划分有雷暴、热带云团等。这一要素系统同另一要素系统之间常有一定的配置关系。天气系统可以通过各种天气图和卫星云图等分析出来。

气旋

气旋是在等压面上具有闭合等压线，中心气压（高度）低于周围的大型涡旋。它近似于圆形或椭圆形，大小不一，很像江河里的漩涡运动。受地转偏向力的影响，在北半球，空气作逆时针旋转，在南半球其旋转方向则相反。一般气旋活动的地方会发生天气变化，可以作为天气预报的依据。通常按气旋形成和活动的主要地区或热力结构进行分类。按地区可分为温带气旋、热带气旋和极地气旋等，例如江淮气旋，是出现在江淮地区的气旋。按热力结构可分为冷气旋和热气旋等，例如东北冷涡，是活动在我国东北地区或其附近的高空大型冷涡。

反气旋

反气旋与气旋相对，指的是中心气压比四周气压高的水平空气涡旋，一般存在于海洋和大陆的冬季。在北半球，反气旋区域内的空气呈顺时针方向向外流出；在南半球，反气旋区域内的空气则呈逆时针方向向外流出。反气旋亦呈圆形或椭圆形，其直径小则几百千米，大到五六千千米。反气旋按生成的地理位置分为温带反气旋、副热带反气旋和极地反气旋。按结构分为冷性反气旋（即冷高压）和暖性反气旋（即暖高压）。例如，东亚的蒙古—西伯利亚高压是世界上最强大的冷高压，副热带高压是一个稳定的暖高压，下沉气流范围较大，受它控制下的天气一般都是晴朗无云。

热带气旋

热带气旋是一个由云、风和雷暴组成的巨型的旋转系统，它一般于夏秋季节形成于温暖的海洋上，它的能量来自水蒸气冷却凝固时放出的潜热，蕴含着巨大的能量。我国东南沿海地区经常出现的“台风”，就是热带气旋的一种。热带气旋登陆或者移到温度较低的洋面上，会因为失去温暖而潮湿的空气供应能量，而减弱消散或转化为温带气旋。不同的国家对热带气旋有不同的分类，其强度一般根据平均风速评定，世界气象组织建议使用 10 分钟平均风速。中国气象局把热带气旋分为 6 类，即热带低压、热带风暴、强热带风暴、台风、强台风和超强台风。热带气旋能造成无法估量的生命财产损失，可以以碘化银使热带气旋螺旋云带的水分过度冷却，令内部眼墙崩塌而降低其强度。但它也能为干旱地区带来重要的降雨。不少地区每年雨量中的重要部分都是来自热带气旋。

气团

气团指的是在同一时段占据广大空间的大团空气内，水平物理属性（温度、湿度、稳定度）比较均匀，垂直物理属性分布相似，气象要素变化不太剧烈而且天气特点也大致相同的大团空气。气团是比较均匀的大块空气块，其水平尺度达到几百至几千千米，垂直尺度几千米到十几千米。气团的形成必须具有范围大、性质均匀的下垫面，还需有合适的环流条件。气团的属性不同，有不同的名称。气团按其形成的地理位置分为冰洋气团、极地气团、热带气团和赤道气团。按热力分类 则可分为冷气团和暖气团。不同气团的移动、变性和冲突，常形成大范围内天气的变化。

气压

气压指的是在任何表面的单位面积上空气分子运动所产生的压力，一般用毫米汞柱表示。气压的大小与海拔、大气温度、大气密度都有关系。气压一般随高度升高而递减。气压有日变化和年变化。一般来讲，冬季比夏季气压高。一天中，气压有一个最高值和一个最低值，分别出现在 9—10 时和 15—16 时，还有一个次高值和一个次低值，分别出现在 21—22 时和 3—4 时。气压日变化幅度较小，一般为 0.1~0.4 千帕，并随纬度增加而减小。1644 年伽利略的学生托里拆利和维瓦尼用汞做了一个实验，证明了一个大气压约 760 毫米汞柱。第一个“气压计”就是这样做成的。气象观测中常用的测量气压的仪器有水银气压表、空盒气压表等。一个标准大气压相当于标准重力加速度，即 0℃时 760 毫米高的垂直水银柱产生的压力。

气压系统

在天气图上，以等压线表示的具有特定天气特征的系统。主要有高（气）压、低（气）压、高压脊和两高（低）压相对的中部鞍形区。正确分析气压系统的生成、消失、加强、减弱和移动等，是天气分析和预报的重要环节。

气压带的分类

由于大气环流把热量和水汽从一个地区输送到另一个地区，使高低纬度和海陆地区的水汽得到了交换。由于赤道和极地地区受热不均匀，会形成低气压和高气压，气压差异会产生气流运动，从而在高低纬度产生了不同的环流。由于低纬环流在北纬 30°附近上空聚积产生下沉气流，使近地面气压增高，形成了副热带高压带；由于中纬和高纬环流的作用，北纬 60°附近地面气压降低，形成副极地低压带。这样，全球共分为 7 个气压带，即：赤道低压带、南北半球的副热带高压带、南北半球的副极地低压带、南北半球的极地高压带。

高气压与低气压

高气压简称“高压”，指的是在等压线分布图上，等压线闭合，中心气压高于四周的大气涡旋。在高压区内无锋面存在，因气流分散，高空空气下沉补充，下沉过程中气温升高，相对湿度降低，形成少云雨天气。高气压中最常见的是冷高压，是由地表散热、冷却而成的。地表降温后，近地面空气温度降低，而周围空气温度较高，空气较轻，所以气流就变成从冷空气吹向周围的方向，形成冷高压中心。

低气压是相对高气压而言的，它的中心气压低于四周大气，气流由四周向中心流动，受地转偏向力影响会形成较大涡旋。低气压空气在上升过程中温度降低，容易出现云雨天气。

锋的分类

锋指的是大气中冷暖气团之间的狭窄而又向冷气团倾斜的过渡带。通常情况下，按锋面两侧冷暖气团的移动方向，分为冷锋、暖锋、准静止锋和锢囚锋。

冷锋：冷气团主动向暖气团靠近的锋，叫冷锋。冷气团的前缘插入暖气团的下面，使暖气团被迫抬升，并逐渐冷却成云致雨。冷锋过境，常出现连续降雨，叫冷锋雨。

暖锋：暖气团主动向冷气团移动的锋，叫暖锋。在暖锋上，暖气团沿冷气团徐徐爬升，冷却凝结产生云、雨，暖锋过境，出现连续降水叫暖锋雨。

准静止锋：势均力敌的冷暖气团相遇，或受地形阻挡，锋面移动缓慢，或较长时间徘徊在一个地区，常造成阴雨连绵的天气。

锢囚锋：冷锋与暖锋或两冷锋相遇、合并后的锋。因两锋之间的暖空气被迫抬升囚闭于空中而形成。根据锢囚锋两侧气团冷暖差异程度，一般分为冷性锢囚锋、暖性锢囚锋和中性锢囚锋三类。

寒潮和强寒潮

所谓寒潮，就是高纬地区的冷空气大规模地向中低纬侵入，造成大范围的急剧降温和偏北大风的天气过程。寒潮能使我国长江中下游及其以北地区 48 小时内降温 10℃以上，长江中下游最低气温低于 4℃。

如果在 48 小时内降温 14℃以上，陆地上有 3~4 个大区出现大风，沿海海区先后出现 7 级以上大风，这种寒潮称为“强寒潮”。寒潮和强寒潮一般来自西伯利亚冷空气，几乎每发生一次寒潮或强寒潮，西伯利亚冷空气就会减少一部分。寒潮和强寒潮暴发在不同的地域环境，有不同的特点，而且影响范围广。寒潮和强寒潮通常带来严寒、大风、霜冻等天气，是我国冬半年主要的灾害性天气。寒潮造成的雨雪和冰冻天气对交通运输危害很大。

雷

闪电是雷雨云中聚积的电荷达到一定数量时，在云内不同部位之间或者云与地面之间形成了很强的电场从而产生的放电现象。这时周围空气因受热而突然膨胀，云滴也会由于受到较高的热量而突然汽化膨胀，从而发出巨大的声响，这就是我们听到的“雷鸣”。

雷是伴随着闪电同时发生的，听起来，雷声可以分为 3 种：一种是清脆响亮，像爆炸声一样的，一般叫作“炸雷”；另一种是沉闷的轰隆声，叫作“闷雷”；还有一种低沉而经久不衰的隆隆声，有点像推磨时发出的声响，人们常把它叫作“拉磨雷”，实际上是闷雷的一种形式。人遭雷击的一瞬间，电流迅速通过人体，重者可导致心跳、呼吸停止。雷击时产生的火花，也会造成不同程度的皮肤烧灼伤。雷电对建筑物也有很大的破坏力。

闪电

当雷雨云中聚积的电荷达到一定数量时，在云内不同部位之间或者云与地面之间就形成了很强的电场。电场强度平均可以达到几千伏特/厘米，局部区域可以达到上万伏特/厘米。这么强的电场足以把云内外的大气层击穿，于是在云与地面之间或是云的不同部位之间或不同的云块之间激发出耀眼的闪光，这就是我们所说的“闪电”。

闪电是大气中脉冲式的放电现象，一次闪电由多次放电脉冲组成，这些脉冲的间歇时间都很短，只有百分之几秒，脉冲一个接着一个，后面的脉冲就沿着前面的脉冲通道行进，于是我们就看到了接连不断的闪电。闪电有好几种形状，最常见的有线状（枝状）闪电和片状闪电。线状闪电有耀眼的光芒和很细的光线，整个闪电像向下悬挂的枝杈。片状闪电是一种比较弱的放电现象。球状闪电比较罕见。闪电对人类也会产生巨大的危害，例如闪电击中森林，会引起火灾；一些高山地区，每年都有因电击致死的人畜。

虹

虹是大气中一种光的现象，太阳光线通过大量小球形的水珠时，发生折射和反射后到达人的眼睛，形成了色彩分开的虚像，这就是虹。虹只在太阳高度比较低的情况下才能形成，并且只能出现在与太阳相反的方向。清晨或傍晚在太阳对面的雨幕背景上，由外圈到内圈呈红、橙、黄、绿、蓝、靛、紫7种颜色。这就是我们在雨过天晴之后看到的“彩虹”。频率高的光波折射的程度要大于频率低的光波，于是彩虹中红色在外，紫色在内，中间有各色光带。虹的宽度和雨滴的大小有关，一般情况下，雨滴越大，虹越窄，色彩越鲜明。通常可以用虹的大小和宽度来判断雨滴的大小。

冰雹

冰雹是一种从强烈发展的积雨云中降落下来的冰块或冰疙瘩，人们通常称它为“雹子”。夏季或春夏之交最为常见，小如绿豆，大似栗子，特大的甚至比柚子还要大。冰雹的内部很不均匀，中间有一个核，叫雹核，主要是由霰粒或软雹构成，也有由大水滴缓缓冻结而形成透明冰核的。雹核的外面交替地包裹着几层透明和不透明的冰层，有时有十多层甚至更多，冰层中还夹杂着大小不同的气泡。冰雹和雨雪一样都是从云里掉下来的，但是下冰雹的云是一种发展十分强烈的积雨云，而且只有发展强烈的积雨云才能降冰雹。

霞

霞指的是在日出或日落的时候，天空及云层上因日光斜射而出现的彩色光象或彩色的云。太阳光斜射时，通过空气层的路程比较长，受到大气中分子的散射急剧减弱，波长较短的紫色光、靛色光、蓝色光等减弱的比较多，其中红色光或橙色光减弱的最少。这些减弱后的彩色光，照射在天空和云层上，就形成鲜艳夺目的彩霞。人们通常在一天中的早晨或傍晚能看到霞。这些霞有时候有一定的天气预兆。早晨太阳还没有升到地平面以上时，有一部分阳光通过大气的折射到达地面，这时天蒙蒙亮。如果这时出现霞就称为“朝霞”。傍晚太阳落山后还有一部分余光，这时也会发生折射，此时若出现霞，便称为“晚霞”。

雾及其种类

雾是一种天气现象，是层云的一种形式。一般出现在秋冬季节。它是悬浮在近地面层中的大量水滴或冰晶，使水平能见度小于 1 000 米的现象。雾的形成需要具备两个基本条件：一是近地面空气中的水蒸气含量充足，二是地面气温比较低。一般冬季和初春，冷暖空气交汇，在其交界处极容易形成有大雾的灰蒙蒙的天气。

根据雾的形成原因不同，一般可以分为辐射雾和平流雾等。辐射雾是地面空气因夜间辐射散热冷却达到水汽饱和状态后形成的，这种雾大多出现在晴朗、微风、近地面水汽又比较充沛的夜间或早晨。陆地上出现较多，尤其在山谷和低地常见。平流雾是空气作水平运动造成的。雾也是一种灾害性天气，它会造成很多交通事故，给飞行和航运带来很大的不便。

露

露是空气中水汽以液滴形式液化在地面覆盖物体上的液化现象。空气中的水汽凝附于地面或近地面物体上的小水珠，因物体表面温度降低使附近气温降低到露点以下（但高于 0℃）产生凝结形成的，如果温度持续降至 0℃以下时，露滴冻结成冰珠，称为“冻露”。等太阳出来以后，地表温度逐渐升高，露就会液化直到蒸发。露常形成于夏秋之交晴朗、微风的夜晚或清晨。露在高压中心附近形成，所以露出现时多为晴天。露有益于农作物的生长。在我国北方的夏季，由于蒸发很快，遇到缺雨干旱的情况时，农作物的叶子有时白天被晒得蜷缩发干，但是夜间有露，叶子就又恢复了原状。另外露还是一些动物生存的“水源”，例如夏天树上有知了不停地鸣叫，它们便喝早晨的露水。

霜及霜冻

在寒冷季节的清晨，草叶、土块上常常会覆盖着一层霜的结晶，它们在初升的阳光下闪闪发光，待太阳升高后就融化了，这种现象常常被称为“下霜”。霜的形成与当时的天气条件和所附着物体的属性都有关系。当物体表面的温度很低，而物体表面附近的空气温度却比较高时，空气和物体表面之间就有一个温度差，如果物体表面与空气之间的温度差主要是由物体表面冷辐射造成的，在与较暖的空气、比较冷的物体表面接触时，空气就会冷却，达到水汽过饱和时多余的水汽就会析出。如果温度在 0℃以下，多余的水汽就会在物体表面凝华成冰晶，这就是霜。霜多出现在早春、晚秋和冬季寒潮过后，晴朗无风的夜晚或清晨。霜后一般天气晴朗，所以有“霜重见晴天”的农谚。在天气严寒的时候或者在背阴的地方，霜能终日不化。这种时候形成的霜会产生冻害，这就是“霜冻”。霜冻的出现会给一些耐寒性较差的农作物带来一定的影响，例如棉花结棉桃时，遇到霜冻，就会影响它的继续生长。

无霜期

通常情况下，人们把入春后最后一次出现的霜，叫作“终霜”，入秋后出现的第一次霜，叫作“初霜”。所谓“无霜期”指的是终霜之后、初霜之前这一段没有霜出现的时期。不同的地方，无霜期的长短也不同，例如我国北方无霜期短，越往南越长。一个地区无霜期的长短主要与这个地区寒冷季节的长短有关。寒冷季节长的地区，它的“终霜”结束时间迟，“初霜”开始

时间早，无霜期就比较短；与此相反，寒冷季节短的地区，它的“终霜”结束时间早，“初霜”开始时间迟，无霜期就比较长。霜是在比较冷的天气里，靠近地面的温度下降到 0℃以下时，附着在物体表面的水汽凝华形成的。由于北方地区接受的太阳辐射比南方少，距离冷空气源地比较近，所以北方地区全年无霜期比南方短。

霓

我们在夏天的雨后经常能见到美丽的彩虹，有时在虹的外侧还能看到第二道虹，它的颜色比第一道虹要淡，并且颜色排列的顺序是外紫内红，这就是霓，又被称为“副虹”。虹和霓都是光线通过水滴发生折射和反射等物理过程而形成的大气光象。霓便是被水珠折射两次和反射两次而形成的。虹和霓大多出现在有“太阳雨”的时候，因为这时空气中有很多的小水珠，小水珠会折射和反射太阳光，从而形成美丽的虹和霓。

霾

在气象学中霾是一种天气现象，是指大量极细微的干尘粒均匀地浮游在空气中，使水平能见度小于 10 千米的空气普遍浑浊的现象。霾可以使远处光亮物体微带黄、红色，使黑暗物体微带蓝色。霾的形成与污染物的排放密切相关，城市中机动车尾气以及其他烟尘排放源排出粒径在微米级的细小颗粒物，停留在大气中，当逆温、静风等不利于污染物扩散的天气出现时，就会形成霾。在我国存在着 4 个灰霾严重地区：黄淮海地区、长江河谷、四川盆地和珠江三角洲。

云及其形成

天空中有时晴朗无云，有时白云朵朵。什么是云？云是怎样形成的呢？

云就是飘浮在空中的许多细小的水滴或冰晶，有时是小水滴或冰晶的混合体，有时也包含一些较大的雨滴和冰、雪粒。云主要是由空气上升绝热冷却导致水汽凝结造成的。从地面向上十几千米这层大气中，越靠近地面，温度越高，空气也越稠密；越往高空，温度越低，空气也越稀薄。江河湖海以及土壤、动植物的水分不停地蒸发到空气中变成水汽，水汽从蒸发表面进入低层大气后，这里的温度高，所容纳的水汽多，如果这些湿热的空气被抬升，温度就会逐渐降低，到了一定高度，空气中的水汽就会达到饱和，空气继续被抬升，就有多余的水汽析出。那里的温度如果高于0℃，多余的水汽就会凝结成小水滴；如果低于0℃，多余的水汽就会凝结成小冰晶。这些小水滴和小冰晶继续增多并达到人眼能辨认的程度时，便是我们见到的天空中的云了。

云与天气

云与天气有着密切的关系，一般云可以分为3类：积云、层云和卷云。我们根据云的形状、来向、移速、厚薄、颜色等的变化，可以看云识天气，民间很多谚语总结了这方面的经验。例如，“棉花云，雨快临”。棉花云指的是絮状的高积云，出现这种云表明中层大气很不稳定，如果空气中水汽充足并有上升运动，就会形成积雨云，将会有雷雨降临。云的颜色可以预示天气灾害。冰雹云的颜色先是顶白底黑，而后云中出现红色，形成白、黑、红色乱绞的云丝，云边呈土黄色。黑色是阳光透不过云体所造成的；白色是云体对阳光无选择散射或反射的结果；红、黄色是云中某些云滴对阳光进行选择散射的结果。有时云雨也呈现淡黄色，但云色均匀，不乱翻腾。地震发生之前，天空中的云也会发生奇异的变化，向人们发出警报。

云量

云量指的是云遮蔽天空视野的成数。估计云量的地点必须能见全部天空，当天空部分被障碍物如山、房屋等遮蔽时，云量应从未被遮蔽的天空部分中估计；如果一部分天空为降水所遮蔽，这部分天空应作为被产生降水的云遮蔽来看待。中国的云量采用10成制。例如，全天无云，总云量记0；天空完全为云所遮蔽，记10；云占全天1/10，总云量记1；云占全天2/10，总云量记2，其余以此类推。云量观测包括总云量和低云量。总云量指观测时天空被所有的云遮蔽的总成数，低云量指天空被低云族的云所遮蔽的成数，均记整数。低云量的观测与记录和总云量相同。

云海

云海一般出现在海拔几千米的高山上，云海的云底高度一般在1 000米左右，属于低云。云海中云的厚度比较均匀，对流不强。云海结构比较稳定，所以它能绵延千里，极为广阔。日出和日落时形成的云海往往是彩色的，这种云海最为壮观。例如，我国峨眉山多雾，经常出现云海，雾与云海汇合在一起，云海中浮露出许多岛屿，云腾雾绕，白浪滔滔，仿佛仙境一般；我国黄山山高谷低，经常云雾缭绕，每年11月到次年3月都会形成非常壮观的云海。黄山周边许多山也都有云海，但是数黄山云海最为奇特。这也是黄山一道独特的风景。

梭子云

梭子云呈白色，中间厚，边缘比较薄，有着分明的轮廓，孤立分散，不与其他云连接，形状像豆荚或呈柠檬状，极像梭子，所以被称为“梭子云”。梭子云是一种比较罕见的云，当中空气流快速越过山顶或崎岖的山地时，由于受这些地形的影响，会形成样式、形状各异的荚状云层，这便是我们常说的梭子云。梭子云很稳定，能固定在一个位置，即使有再大的风也不会被吹散。

地震云

地震云一般发生在中强地震前，是一种与地震相关的云图变化现象。

有时出现在凌晨或傍晚。地震即将发生时，因地热聚集于地震带，或因地震带岩石受强烈应力作用发生激烈摩擦而产生大量热量，这些热量从地表逸出，使空气增温产生上升气流，这些气流于高空形成“地震云”，地震云有白色、灰色、橙色、橘红色等，一般呈稻草状或带状。如果这种云出现在天空长时间不散，说明当地很有可能发生有感地震。这种云的垂直方向一般就是地震源所在的地方。例如，1948 年的日本地震和 1976 年我国的唐山大地震都有人观察到地震云。

火烧云

在日出或日落的时候，我们经常能看到天边的云彩通红一片，像火烧的一样，这便是我们通常所说的“火烧云”。出现在早晨的又称为“朝霞”，出现在晚上的又称为“晚霞”。这种云的红色是空气中的尘埃粒子和水汽对阳光折射造成的。清晨太阳从东方升起，或者傍晚太阳落山的时候，太阳光散射到地面上，穿过的空气层要比中午太阳当顶的时候厚一些。太阳光中的黄、绿、青、蓝、紫几种光，由于波长较短很容易被散射掉，不能穿过空气层。只有红、橙色光由于波长比较长可以穿过空气层，于是将天边染成了红色。

夜光云

夜光云经常出现在高纬度地区，多在 70~90 千米的高空，一般呈波状，发光而透明。常出现在太阳落山 30~60 分钟后，太阳在地平线以下 6°~16°时西方的天空。云层厚度一般不足 2 000 米，面积可以达到 300 万平方千米。夜光云一般呈淡蓝色或银灰色，这种颜色是夜光云中的冰晶颗粒散射太阳光造成的。关于夜光云的成因还有许多争议，一般认为它主要是由极细的冰晶构成。由于夜光云越来越多，科学家怀疑这种云与天气变化有关，于是美国国家宇航局在加利福尼亚州范登堡空军基地成功地发射了一枚 AIM 探测卫星，用来观测夜光云现象，并研究这种现象对天气的变化是否有影响。

看风识天气

不同的风可以反映不同的天气变化，所以我们可以看风识天气。一般情况下，东南风为云雨的产生提供了丰富的水汽，其有上升的机会一般会降雨；晴天刮西北风预示着继续晴冷无雨，雨天刮西北风预示不久会雨消云散；在温带地区，地面上如果有两种对吹的风，它们往往是两种规模大、范围广、湿度和温度不同的冷气流和暖气流，它们相遇的地带会形成锋面，这一带就会电闪雷鸣，狂风骤雨；在东北风中开始的降雨，下得时间长，雨量比较大；在雨天，如果风向转为偏西，天气大多转晴。另外，相同的风也不一定出现相同的天气，看风识天气还要看具体条件，比如季节、风速和地方性。在不同的地区，有时候风速和风向有不同的日变化规律，这种正常的规律并不反映天气系统的影响，人们称之为“假风”。

天气图

天气图指的是一种填有各地同时间的气象观测记录，能反映一定区域天气情况的特制图。天气图可以显示各种天气系统和天气现象的分布及其相互关系，是分析判断天气变化、制作天气预报的基本依据。天气图一般可以分为地面天气图、高空天气图和辅助天气图。地面天气图是以海平面为基准，各地观测的气压必须订正到海平面高度的气压值，以便高度不同的测站相互比较。高空天气图是在高空表示天气形势的方法，一般不用固定高度上的气压分布，而是在一个气压相等的等压面天气图上，分析这个面凹凸不平的状况。辅助天气图可以分为热力学图表、剖面图、变量图等。

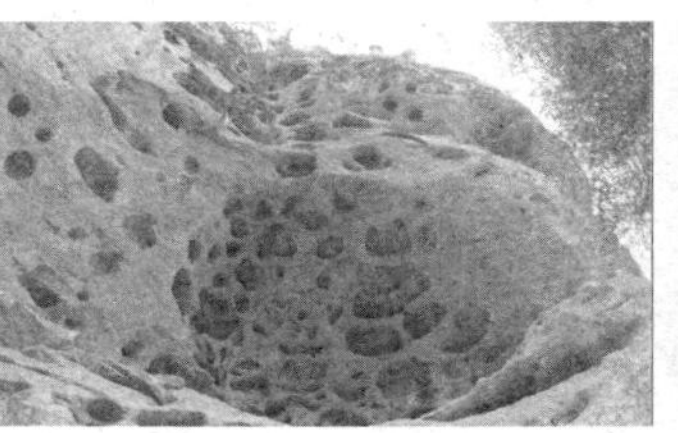

气候系列

气候因子

气候因子是导致不同气候的因素，主要包括以下几种。

纬度位置：地球各地处在不同的纬度，太阳照射的角度就不一样，一般是纬度越低，气温越高；纬度越高，气温越低。所以各地区所处的纬度位置不同，是导致世界各地气温不同的主要原因。

大气圈：大气圈内空气作不同规模的运动，统称为大气环流。在不同气压带和风带的控制下，气候特征，尤其是降水的变化有显著的差异。另外，风带和气压带位置随季节不断地移动，从而形成各种不同的气候类型。

海陆分布：由于海洋和陆地的物理性质不同，在强烈的阳光照射下，海洋增温比较慢，陆地增温比较快；阳光减弱以后，海洋降温慢而陆地降温快，所以所处的海陆位置不同，形成的气候特征也不同。

气候系统

决定气候的形成、分布和变化的复杂系统。20 世纪 70 年代提出的一种概念。包括大气圈、水圈、岩石圈、冰雪圈（极地冰雪覆盖、海冰、大陆冰原和积雪、高山冰川等）和生物圈 5 个圈层。系统中包括各种决定气候形成、变化的机制和过程，每种过程所影响的空间尺度和时间尺度不等。

气候学

研究气候的特征、形成原因、变化规律及其应用的学科。大气科学的分支学科。包括物理气候学、气候动力学、天气气候学、高空气候学、统计气候学、生态气候学、物候学、应用气候学、农业气候学、气候资源学、古气候学、小气候学等分支学科。

气候异常

气候明显偏离正常变化的现象。例如旱、涝、酷热、严寒等。常影响人类正常的社会活动和生产活动，并危及动植物的正常生长发育等。

气候资源

可用于人类发展经济并提高生活水平的气候条件。是自然资源的一部分，如自然界的热量、光照、水分和风能等。中国气候资源十分丰富，是合理进行农业区划和工业布局的依据之一。一些不利于人类经济发展和生活水平提高的自然气候条件，如经过人类的努力，也可转化为气候资源。

气候分类

是根据各地气候特征的异同，对气候所作的类型划分。分类依据是气温、降水、蒸发、风向以及自然景观等，也有按照天气型划分的。国际上早期著名的世界气候分类有柯本气候分类法等。早期进行中国气候分类的有竺可桢、涂长望、卢鋈等。

热带雨林气候

热带雨林气候主要分布于赤道两侧。这种气候变化单调，在赤道气团的控制下，全年都是夏天。自赤道向南、北延伸 5°~10°，如南美洲的亚马孙平原，非洲的刚果盆地和几内亚湾沿岸等。这些地区位于赤道低压带，气流以上升运动为主，水汽凝结致雨的机会多，全年多雨，无干季，年降水量在 2 000 毫米以上，最低月降水量也超过 60 毫米，雷阵雨较多。各月平均气温为 25~28℃，一般早晨晴朗，午前炎热，午后下雨，黄昏雨歇，天气稍凉。年温差小，一般低于 3℃，而平均日较差可达 6~12℃。这种气候高温多雨，分配比较均匀，植物可以常年生长，为热带雨林，树种繁多。

热带草原气候

热带草原气候主要分布在赤道多雨气候区的两侧，即南、北纬 5°~15°的地区，主要在中美地区、南美洲和非洲。这种气候分布在赤道低压带与信风带交替控制区。全年气温高，具有低纬度高温的特色，最热月出现在干季之后、雨季之前，年平均气温约 25℃。本区气候一般分干季和湿季。当受信风影响时，盛行热带大陆气团，干燥少雨，形成干季，土壤干裂，草丛枯黄，树木落叶。与赤道多雨气候相比，干季较长。当赤道低压带控制时，赤道气团盛行，降水集中，为湿季。在南、北半球，热带草原气候干湿季相反。这种气候的植物中，稀树高草生长茂盛。

热带季风气候

热带季风气候主要分布在我国台湾南部、雷州半岛、海南岛，以及中南半岛、印度半岛的大部分地区、菲律宾群岛和澳大利亚大陆北部沿海地带。这些地区全年高温，年平均气温在 20℃以上，最冷月一般在18℃以上。在赤道海洋气团控制下，夏季多对流雨，再加上热带气旋过境带来大量降水，所以年降水量大。在一些迎风海岸，因地形作用的影响，夏季降水甚至超过赤道多雨气候区。年降水量一般在 1 500 毫米以上。这里由于受热带季风的影响，形成了明显的干湿季。

热带沙漠气候

热带沙漠气候大致分布在南、北纬 15°~30°的地区，以非洲北部、西亚和澳大利亚中西部分布最广。热带沙漠气候区常年处在副热带高气压和信风的控制下，盛行热带大陆气团，气流下沉。这种气候炎热、干燥、气温高，最热月平均气温可达 30℃。这种气候条件下降水极少，年降雨量不足 200 毫米，有时只有数十毫米或更少，甚至多年无雨，又有强烈的日照，蒸发特

别旺盛，使得气候更加干燥，犹如沙漠，所以被称为热带沙漠气候。这里自然植被缺乏，风蚀地貌比较显著，属于荒漠景观。

温带季风气候

温带季风气候分布于北纬 35°~55° 的亚欧大陆东岸，包括我国华北和东北、朝鲜的大部、日本的北部以及俄罗斯远东地区的一部分。这些地区冬季盛行极地大陆气团，是由于受高纬度内陆偏北风的影响，寒冷干燥；夏季受极地海洋气团或热带海洋气团影响，盛行东风和东南风，温暖多雨，年温差较大，年降水量 500~700 毫米，分配不均，约有 2/3 集中于夏季。全年四季分明，天气多变，随着纬度的增高，冬季和夏季气温变幅相应增大，而降水逐渐减少。自然植被是落叶阔叶林或针叶与落叶阔叶混交林。

温带海洋性气候

温带海洋性气候分布在大陆西岸，南、北纬 40°~60° 的地区。在西欧最为典型，分布面积最大，在南、北美大陆西岸相应的纬度地带以及大洋洲的塔斯马尼亚岛和新西兰等地也有分布。这些地区终年西风盛行，海洋气流吹向大陆，有显著的海洋调节作用，深受海洋气团影响，沿岸又有暖流经过，冬季不太冷，夏季不太热，春季比秋季冷。最冷月平均气温在 0℃以上，最热月在 22℃以下，年温差和日温差都比较小。全年都有降水，降水量比较均匀，秋冬较多，年降水量在 1 000 毫米以上，在山地迎风坡可达 2 000~3 000 毫米以上。这种气候条件下发育的自然植被是温带落叶阔叶林。

温带大陆性气候

温带大陆性气候分布于北纬 40°~65° 的北美大陆东部和亚欧大陆温带海洋性气候区的东侧。这种气候在气温、降水的变化上同温带季风气候有些类似，但风向和风力的季节变化不像温带季风气候那样明显。冬季在大陆性气候控制下，最冷月的平均气温，南部为 0℃以下，北部接近-40℃。最热月的平均气温，南部 26℃~27℃，北部接近 20℃。年降水量从 200 毫米以下到 400 毫米左右，北部达 300~600 毫米。天气的非周期性变化也很大。自然植被由南向北从温带荒漠、温带草原，过渡到亚热带针叶林。

地中海气候

地中海气候分布于副热带的大陆西岸，南、北纬 30°~40° 的地区，它处在热带沙漠气候与温带海洋性气候之间的过渡地带。其分布于地中海沿岸、美国加利福尼亚州沿海、智利中部沿海、南非的南端和澳大利亚的南端。这些地区冬季在来自海上的温带西风的控制下，潮湿的气团带来了较多的雨水。而夏季则受副热带高压控制，气流由陆地散向四周，不容易降雨，所以气候十分炎热、干燥，气温为 21℃~27℃。全年的降水量一般在 300~1 000 毫米，夏季的降水量只占全年的 10%左右。冬季受西风影响，温和湿润，气温为 5℃~10℃。降水量主要集中在冬季。这些地区降水补给的河流冬涨夏枯，植被以耐旱灌丛为主，典型植物是油橄榄。

山地气候

山地气候是受高度和山地地形影响形成的气候，在这种气候条件下，气温随高度增加而降低，几乎每上升 100 米，夏季气温下降约 0.5℃~0.7℃，冬季下降约 0.3℃~0.5℃。气温日变化和年变化在山顶和山坡较缓和，秋季温度高于春季，类似海洋性气候；在山谷、盆地中变化剧烈，且春季温度高于秋季，类似大陆性气候。降水量随山地海拔的增加而增加。在一定高度以上的山地，由于气流中水汽含量减少，降水量又随高度增加而减少。一般是降水量迎风坡多于背风坡。山上的风速随山地海拔升高而增大。一般山顶、山脊和峡谷风口处风速大，多出现山谷风。山脚和背风处风速小。由于水汽压随海拔增加而降低，山地上部的湿度高于下部。

极地气候

极地气候包括极地苔原气候和极地冰原气候。极地苔原气候主要分布在北美大陆和亚欧大陆的北部边缘，在南半球则分布在马尔维纳斯群岛、南设得兰群岛和南奥克尼群岛等地。这些地区全年都是冬季，年平均气温在 0℃~10℃，冬季异常寒冷而且漫长，年降水量 200~300 毫米，主要以雪的形式降落。植物稀少，只有地衣、苔藓等低等植物。

极地冰原气候主要分布在极地及其附近地区，即北冰洋、南极洲和格陵兰岛的大部分地区。这里是冰洋气团和南极气团的发源地，冬季是极昼，夏季是极夜，太阳光斜照。所得热量微弱，全年气候严寒，各月温度都在 0℃以下。例如，南极大陆的年平均气温为-25℃，是世界上最寒冷的大陆，地面多被巨厚冰雪覆盖，寒风凛冽，寸草不生。

草原气候

草原气候是沙漠气候和湿润气候之间的过渡性气候，主要分布在亚欧大陆和北美大陆的温带地区、南美大陆的亚热带地区，不同地区的草原气候特征存在差异。这种气候条件下，朝向赤道一侧的热带草原气候区，降雨量偏少，夏季多阵雨，气候比较干燥。朝向中纬度一侧的热带草原气候区冬季寒冷而漫长，夏季时间比较短促，气温不是很高。全年的日照时间较长，拥有较好的热量条件，适于牧草的生长。最冷月平均温度在 0℃以下。由于全年降水量分配不均匀，冬季和春季常发生干旱现象，这对生物的生长很不利。但是到了夏季，雨量集中，日照充分，有植物生长所必需的水分和热量，这时草木繁茂，形成了辽阔的大草原。冬天，气温低，风比较大，常常造成风雪灾害，影响畜牧业。

荒漠气候

荒漠气候指降水稀少的地区极其干燥的气候，主要分布在南、北纬15°~50°的地带。在纬度15°~35°的地区，由于副热带高压及由此发源的偏东信风影响，空气下沉增温，偏东信风由高纬度地区向低纬度地区逐渐增温，空气中水汽远离饱和点，很难成云致雨，因此形成炎热干燥的热带、亚热带荒漠气候，空气干燥，终年少雨或无雨。这种气候条件下，气温、地温日较差和年较差大。在强烈日照下，白天急剧升温，夜间因强烈辐射冷却而急剧降温。年降水量一般少于250毫米，多有风暴，很少有植被。这种气候在亚欧大陆和北美大陆腹地的荒漠和南美洲的秘鲁沿岸最为典型。荒漠中几乎没有植物，但是在荒漠中，水源充足的地方也会形成少见的“绿洲”。

森林对气候的影响

由于大片森林的地理位置、环境条件、面积大小、地形特点、林木种类、林形结构等的不同，对一定区域的气候有着重要影响。林内温度变化和缓，年变化和日变化较小，白天林内温度较林外低，夜晚则林内温度较高。不论是人工森林还是原始森林，夏季的月平均气温总比周围没有森林的地区月平均气温低2℃左右，日平均气温低3℃左右。冬季的时候，林区的平均气温又比周围没有森林的地区月平均气温高2℃~5℃，日平均气温约高2℃。由于森林有挡风作用，所以森林内风速小，相对湿度和绝对湿度比林外大，易产生雾、露、霜等水汽凝结物。

湖泊对气候的影响

由于湖泊水面对太阳辐射的反射率小，水体比热容大，蒸发耗热多，使得湖面上的气温变化比周围

地面其他部分缓和，因此湖泊周围的气候冬天温暖夏天凉爽，夜间温暖晚上凉爽。由于湖面上湿度大，白天湖面上的温度比周围低，空气对流比较弱，所以雷暴多发生于夜间。湖泊和陆地之间存在的温差会形成以一昼夜为周期的湖陆风，这种风夜间从陆地吹向湖泊，白天从湖泊吹向陆地。由于湖陆风的调节，湖滨地区夏季白天气温偏低，冬季偏高。湖泊对周围地区的气候影响取决于湖泊的面积和湖水深度，并且湖泊面积越大、湖水越深，对周围气候的影响越大。

高山气候

由于高山地区地理位置、地势高低、坡谷方位、山峰分布以及其他地域条件的不同导致了气温和降水等的不同，这种气候被称为高山气候。高山上的气候较平地要显得极端不稳定，变化急剧。这是因为高山上的气温变化迅速，温差比较大。气温随海拔的升高而降低，自海平面起，每升高 1000 米，温度则下降大约 6℃。例如，在海拔达到 4 000 米的高山，气温却只有 10℃左右。但是气压与高度则成反比，高度越高，气压越低。在高山地区，气候差异明显，气候和植被都呈现垂直变化的特征。由于地形起伏和坡度不同，同一山地的气候也会有较大的差异。例如，亚洲的青藏高原、非洲的埃塞俄比亚高原、南美洲的安第斯山等山区都有高山气候。这些地区一般冬季多降霜雪，夏季多热雷雨。降雨时常夹杂着冰雹。

高原气候

高原气候指的是在地势高、地面宽广、起伏平缓的高原面上形成的气候。不同的高原由于地理位置、海拔、面积大小和形态等的差异，气候特征也不相同。例如青藏高原平均海拔在 4 000 米以上，高原气候特点较为突出。这种气候条件下，太阳辐射比较强，年总辐射量大。由于高原的海拔高，大气层厚度、空气密度、水汽含量和大气气溶胶含量相应减少，其中紫外线辐射强度尤为显著；受海拔的影响，高原上的气温可比同纬度的平原地区低出许多；一般迎湿润气流的高原边缘是一个多雨带，而背湿润气流一面，雨量较少。由于高原地势较高，所以一般多大风、雷雨天气，并夹杂有冰雹。高原上气压较低，一般生活在平原的人初进高原，有时会产生头晕、恶心等现象。

天气和气候的关系

天气和气候是密切相关的，天气是气候的基础，气候是对天气的概括。天气指的是影响人类活动瞬间气象特点的综合状况，即一个地方在短时间内气温、气压、温度等气象要素及其所引起的风、云、雨等大气现象的综合状况。天气的变化有一定的规律，不同的气团可以形成不同的天气系统，每种天气系统都具有一定的天气特点，所以，掌握天气系统的演变和移动规律就能分析未来天气的变化，就可以得出天气预报。气候是指地球上某一个地区一年或一段时期的气象状况的多年特点。一个地方的气候特征是通过该地区各气象要素（气温、湿度、降水、风等）的多年平均值及特殊年份的极端值反映出来的。气候是一种复杂的自然现象，可以供人类利用。

气象奇观

的光线经折射进入观测者眼帘而形成的。

海市蜃楼

有时在平静的海面、大江江岸、湖面、雪原或沙漠等地方，会在空中或“地下”出现高楼大厦、城市村庄、树木等景象，这些景物还可以运动，栩栩如生，这便是神奇的“海市蜃楼”。在气象学中被称为“蜃景”。

海市蜃楼是经常发生在沿海地区的一种光学幻景，有时在沙漠中也可以见到。海市蜃楼是地球上物体反射的光经大气折射而形成的虚像。由于不同的空气层有不同的密度，而光在不同密度的空气中又有着不同的折射率。海面上暖空气与高空中冷空气之间的密度不同，对光线进行折射，这种折射所出现的像会出现在海面上，有时会发生全反射，使本来看不见的远处物体通过不断的折射和全反射，进入了观察者的眼帘。所以这些景物有可能来自非常遥远的地方。海市蜃楼的出现与地理位置、地球物理条件和那些地区的气象特点有密切关系。它分为上现、下现和侧现海市蜃楼。例如，上现海市蜃楼是在近地面层是强逆温时，空气密度随高度强烈减少，远方地平线处的楼宇等的光线经折射进入观测者眼帘而形成的。

极昼

极昼又称“永昼”，指极圈以内地区太阳连续几个月不落的现象。每年夏至日这天，太阳直射北纬23.5°，这时北极圈以内的地区太阳整日不落，这种现象叫作“极昼”，每年南北两极，极昼、极夜交替出现。极昼的时间长短因纬度的不同而不同，极昼在极圈上是一天，向两极逐渐加长，所以南北两极的一年内有连续6个月是极昼。极昼期间，每天24小时始终是白天，要是碰上晴天，即使是午夜时刻也是阳光灿烂，就像大白天一样明朗。除了南北两极以外，极昼期间的太阳在一日内仍有高度和方位的变化。

极夜

极夜又称“永夜”，指极圈以内地区连续几个月太阳都在地平线以下的现象。当太阳直射北半球时，南极圈以内的地区就会出现极夜，每年南北两极，极昼、极夜交替出现。极夜的时间长短因纬度的不同而不同，极夜在极圈上是一天，向两极逐渐加长，所以南北两极的一年内有连续6个月是极夜。极夜时，每天24小时始终是晚上，只有点点繁星，是不可能看见太阳的。当北极圈处于极昼的时候，南极圈是极夜，当北极圈及其以内处于极夜的时候，南极圈及其以内是极昼。

世界冷极

世界冷极最早是在北极地区测到的。一般来说，南北极的气温是世界上气温最低的地方。以平均气温来说，北半球的冷极在格陵兰岛的埃斯密脱，年平均温度为-32.5℃；而南半球的冷极在南极洲，位于南纬78°，东经96°的地方，年平均气温是-58℃。1838年，俄国商人尼曼诺夫路经西伯利亚的伊尔库茨克，无意中测得了一次-60℃的最低温度，在当时引起了一场轰动。1885年，在北纬64°的奥伊米亚康，人们测得了-67.8℃的最低温度，于是这个地方被冠以“世界冷极”的称号。1967年，挪威科学家在南极点附近测到了-94.5℃的新纪录。在这种气温下，汽油都会凝固，煤油已经不能再继续燃烧，橡胶变硬甚至发脆，就连人们呼吸出来的热气，都会在空中凝固，此地成了当之无愧的世界冷极。于是世界冷极就从北半球迁移到南极去了。

火洲

火洲指的是中国的吐鲁番盆地，它位于天山东段南麓，北倚白雪皑皑的博格达峰，在博格达山脉与库鲁克塔克山脉之间，四周是高山。盆地北部绵延100多千米，宽10千米，海拔500多米，其最高峰在胜金口附近，也只有850多米。这里是亚欧大陆腹地，深居内陆，远离海洋，周围为大面积的干旱区，中间有座低山火焰山。这里终年阳光炙烤着大地，红色砂岩闪烁着红光，一般温度都在40℃以上。1965年7月，出现了气温48.9℃的最高纪录，是我国最热的地方。据说，在沙土里可以“煮熟”鸡蛋，石头上可以“烙饼”，有“火洲”之称。

由于远离海洋，海洋上湿润的气团无法进入这里，天山又阻隔了西来的大西洋水汽，加之这里是一个盆地，地势过低，气流下沉增温产生的焚风效应，就使其干燥炎热。又由于这里戈壁沙漠面积大，没有草木，白天吸收了大量的太阳光照

产生的热量，又无法散去，便形成了这个自然奇景，是北纬 42°线上世界唯一的“火炉”。

曙暮光

曙暮光是一种自然现象，它的形成是因为空气分子对阳光的散射。早晨太阳还没有升起到地平线以上的时候，光线照射到高层大气，受到大气分子的散射，天空已经微亮，从这时刻起到太阳露出地平线为止的光亮称为“曙光”。傍晚日落后，太阳已经西沉到地平线以下，仍有一段时间阳光可照射到高空大气，由于空气分子对阳光的散射，天空和地面并不是一片黑暗，仍然有一段时间的微亮，这段时间的光称为“暮光”。曙光和暮光合称为“曙暮光”。

曙暮光通常分为民用曙暮光、航海曙暮光和天文曙暮光。民用曙暮光指黄昏时从日落至太阳中心移到地平线下 6°的时段或早晨太阳中心由地平线下 6°上升至日出的时段。天文曙暮光持续的时间在赤道最短，随纬度增加而增加。航海曙暮光的亮度在民用曙暮光和天文曙暮光之间。

佛光

佛光是一种神奇的自然现象。由于人看到佛光时，自己影子的周围是一圈圈彩色的光环，有红色、蓝色或别的颜色，光环中出现自己的身影，影随人动，很像神话传说中的佛祖，所以此种现象被称为“佛光”。由于这种现象在我国的峨眉山最早发现，所以又称“峨眉宝光”。

佛光是一种非常特殊的自然物理现象，是阳光照在云雾表面所起的衍射和漫反射作用形成的。佛光的出现是阳光、地形和云海等众多自然因素的结合，只有在极少数具备了以上条件的地方才可以欣赏到。有一些山中，云雾缭绕，比较容易发生佛光。例如，四川眉山的舍身岩就是一个难得的观赏场所。太阳从观赏者的身后将人影投射到观赏者面前的云彩之上，云彩中的细小冰晶与水滴形成独特的圆圈形彩虹，人影正在其中。夏天和初冬的午后，舍身岩下云层中骤然幻化出一个红、橙、黄、绿、青、蓝、紫的七色光环，佛光由外到里，按红、橙、黄、绿、青、蓝、紫的次序排列，直径约 2 米。有时阳光强烈，云雾浓且弥漫较宽时，则会在小佛光外面形成一个同心大半圆佛光，直径达20~80米，虽然色彩不明显，但光环却分外耀眼。

地光

发生地震时，由于地下岩石发生破裂、错断，岩石间相对摩擦滑动等会产生一种电磁效应，会产生放电现象，并沿着断裂缝隙通向大气层，在低空引起大气电离，人们便会看到天空发光，这种自然现象被称为“地光”。

通常，小地震不会出现地光现象，只有那些比较大的地震才可引起地光现象。而且一次大地震影响范围很大，居住在很远地方的人也有可能看到地光。地光自古就有不少记载。1965—1967年，日本松代地震群地震期间，就留下难得的地光照片。1976年中国唐山发生大地震，震前的地光现象非常突出。大多时候地光是与地震同时发生的，有时候会在震前几小时和震后短时间内看到。地光有许多种形状，例如，带状光、闪光、柱状光、片状光等。地光颜色多种多样，有白里发蓝的、红色的、紫色的、白色的，也有的是黄色和绿色的，其中以白里发蓝的为多。

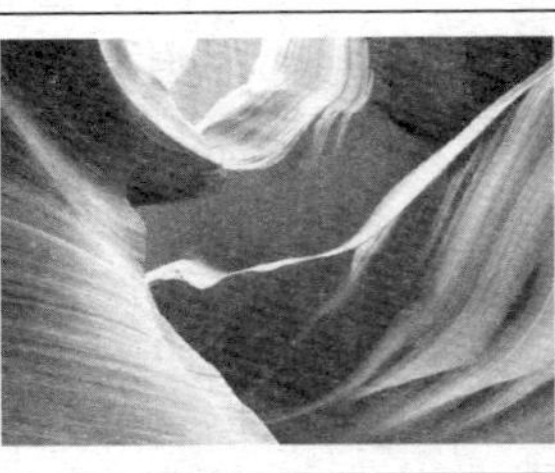
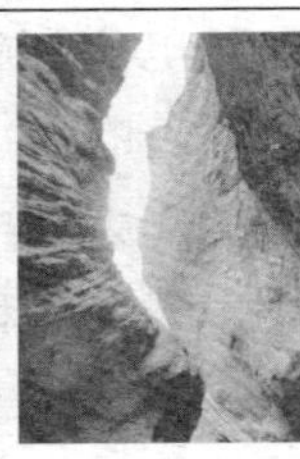

风系列

风的形成

风是大气运动的一种表现形式，近地面空气有些地方比较冷，有些地方比较热。热空气膨胀变得比较轻，就会往上升，这时附近的冷空气就会过来填补，冷空气填进来以后遇热又上升，这样冷空气就会不断地流动，便形成风。大的空气团的流动按其流动方向，上下流动叫垂直运动，左右流动叫水平运动。而小块的空气流动没有方向。气象学上空气极其不规则、杂乱无章的运动称为湍流，空气的垂直运动叫作对流。空气的水平运动和有水平分量的空气流动才称为风。空气从高气压的地方流向低气压的地方，而且只要有气压差存在，空气就一直向前流动，这就是风。所以风是气压梯度力作用的结果。

风向

风向指气流的来向，用风向标测定。一定时间内（日、月、年）出现次数最多的风向，叫最多风向。习惯上我们用风向来称呼风的名称，例如，从北边吹来的风称为北风，从西北方向吹来的风称为西北风等。风向常以 8 个或 16 个方位来表示。当风在某个方向摇摆不能确定时在前面加“偏”字。

我国通常采用 8 个方位来预报风向，例如，在方位 337°05′–22°05′吹来的风叫作北风，22°05′–67°05′吹来的风叫作东北风等。作大范围的天气预报时，有时也可以听到偏北风、偏西风等名称，此时是以 4 个方位表示风向的，此时315°–45°吹来的风叫作偏北风；45°–135°吹来的风叫作偏东风；135°–225°吹来的风叫作偏南风；225°–315°吹来的风叫作偏西风。

风向风速仪

能同时测定风向和风速的仪器。由风向仪和风速仪组成。例如，电接风向风速计、达因测风仪等。从风向风速仪可读取瞬时风速、瞬时风向及最多风向和风程，经整理可得平均风速。

风玫瑰图

简称“风玫瑰”。表示一地区一定时段内风向、风速的气候图。以8方位或16方位用极坐标图表示，图形似玫瑰花朵，故名。有风向玫瑰图和风速玫瑰图。前者表示各风向的频率，后者表示各方向风速的分布。风玫瑰图通常有年、季和月等多种。为城市规划、建筑设计和气候研究中所常用。

蒲福风级表

等级	名称	陆地现象	海面状态	风速（千米/时）
0	无风	静，烟直上	平静如镜	<1
1	软风	炊烟能表示风向，但风向标不能转动	微波	1~5
2	轻风	人面感觉有风，树叶有微响，风向标能转动	小波	6~11
3	微风	树叶及微枝摆动不息，旗帜展开	小波	12~19
4	和风	能吹起地面灰尘和纸张，树的小枝微动	轻浪	20~28
5	劲风	有叶的小树枝摇摆，内陆水面有小波	轻浪	29~38
6	强风	大树枝摇动，电线呼呼有声，举伞困难	大浪	39~49
7	疾风	全树摇动，迎风步行感觉不便	巨浪	50~61
8	大风	微枝折毁，人向前行感觉阻力甚大	猛浪	62~74
9	烈风	建筑物有损坏	狂涛	75~88
10	狂风	陆上少见，见时可使树木拔起，建筑物损坏较重	狂涛	89~102
11	暴风	陆上很少，有则必有重大损毁	非凡现象	103~117
12	飓风	陆上绝少，其摧毁力极大	非凡现象	118~133

行星风系

行星风系指不计海陆分布和地形的起伏等影响，全球性大范围内的低层盛行风带。它是大气环流的重要组成部分。由于热力和动力作用的综合影响，南、北半球近地面分别形成两个低气压带和两个高气压带。在高低气压带之间又形成 3 个风带：信风带、西风带和极地东风带。在副热带高空的水平辐射最强，地面形成高压。副热带高压的空气在地面辐散，由于地转偏向力的作用，流向低纬度的气流在北半球成为东北信风，在南半球成为东南信风。地球上的气压带和风带的位置会随太阳直射点的南北移动而发生变化：当太阳直射点位于北回归线附近时，赤道低气压带移至赤道以北，其他的风带和气压带也相应北移；反之则南移。

地方性风

地方性风指的是带有地方性特征的中、小尺度风系，这是特殊的地理位置、地形或地表性质等造成的。一般可以分为海陆风、山谷风、冰川风、焚风、布拉风和峡谷风等。

海陆风：由于海陆间热力性质不同而形成的，以一天为周期的方向相反的地方性风系。一般热带地区海陆温差大，海陆风强度也大。

山谷风：由于山坡和谷地受热不均匀而引起的以一天为周期的方向相反的地方性风系。山谷高差越大，山谷地形越完整，地面越裸露，山谷风越大。

冰川风：在冰川谷地中，由于冰川表面空气温度比谷中同高度空气温度低，冷而重的空气在冰川上形成沿冰川向下坡方向流动的风。

焚风：越山气流迅速下沉到较低山麓或平原上所形成的干热风，是一种由地形作用形成的地方性风。

布拉风：在温带及其附近纬度，从离海不远的山地或高原上，沿较陡的山坡，吹向温暖海滨的干燥而寒冷的强风。

峡谷风：大规模气流由开阔地区进入山谷、隘口、海峡等时，因通道变窄使气流加速而形成的强风。

例如，碧瑶风、巴霍洛风等都是世界上的主要地方风。

季风

季风，顾名思义是随季节变化的风。它是大气环流的重要组成部分。季风是由海陆分布、大气环流、大陆地形等因素造成的，以一年为周期的大范围对流现象。一般冬夏之间稳定的盛行风向相差达 120°~180°。根据研究，全球有几个明显的季风气候区域，即澳大利亚北部、西北太平洋以及北冰洋沿岸若干地区，还有西非、东非、南亚、东南亚、东亚等地。

季风会随季节变化是因为受以下几种因素的影响。

海陆影响：由于海陆间热力性质差异，冬季大陆为冷高压，海洋为热低压，风从大陆吹向海洋；夏季大陆为热低压，海洋为冷高压，风从海洋吹向大陆，带来丰沛的降雨。

大尺度行星环流的影响：两支行星风带交替的区域，行星环流会发生季节性变化，盛行风向往往近于相反，这种现象称为行星季风，在北纬 30°到南纬 30°之间的地区最为显著。

高原大地形的影响：会产生气旋性环流。南亚是世界上著名的季风区之一，其季风特征主要表现为存在两支主要的季风环流，即冬季盛行东北季风，夏季盛行西南季风，并且它们的转换具有暴发性的突变过程，两种季风的过渡期很短。一般来说，11 月至次年 3 月为冬季风时期，6—9 月为夏季风时期，4—5 月和 10 月为冬、夏季风转换的过渡时期。

信风

信风指的是从副热带高气压带吹向赤道低气压带的方向固定的风。因为此风发生在低纬度地区，是风向特别稳定，风速很少变化的风；因为海员们用它辨别方向很方便，觉得它很守信用，所以称为“信风”，又有“贸易风”之称。

在太阳光的长期照射下，赤道受热最多，近地面空气受热上升，形成赤道低气压带，在高空形成高气压，高空高气压向南、北高空低气压方向移动，在南、北纬 30°附近遇冷下沉，在近地面形成副热带高气压带。在这种情况下，赤道低气压带与副热带高气压带之间产生气压差，气流从副热带高气压带流向赤道低气压带。在地转偏向力的

影响下，北半球副热带高压中的空气向南运行时，空气运行偏向于气压梯度力的右方，形成东北风，即东北信风。南半球反之形成东南信风。南北纬 10°–30° 是常年盛行信风的地带，叫信风带。

阵风

阵风是空气扰动的结果。在离地面约 1 500 米以上的高空，空气的流动速度几乎不变（高山地区除外），因此风呈现出一种稳定而均匀的状态。但是在离地面 1 500 米之内，尤其是接近地面的空气，它的流动速度有时快，有时慢，因此风也是时快时慢，吹在人的身上有一阵一阵的感觉，所以被叫作“阵风”。一般 6 级和 6 级以上的风多为阵风，有一定的危害。阵风有比较大的能量，能吹倒电线杆等，造成大面积停电和通信故障等。

台风

台风指的是发生在热带海洋上的暖心气旋性涡旋，是一种热带气旋。台风的水平尺度有几百千米到上千千米，垂直尺度可从地面直达平流层底层，是一种复杂的天气系统。台风中心气压很低，一般在 870~990 百帕，中心附近地面最大风速一般为 30~50 米/秒，有时可以超过 80 米/秒。一般，夏秋在太平洋西部地区是形成台风最多，每年发生台风个数占全球的 36%。还有北太平洋东部、北大西洋、南太平洋、南印度洋西部等地区也经常发生台风。不同的国家对台风的称呼和界定是不同的，发生在北太平洋西部和南海地区的习惯上称“台风”。中国气象部门规定，中心最大风速大于或等于 32.7 米/秒的称强台风，风速在 17.2~32.6 米/秒的称台风，风速小于或等于 17.1 米/秒的称为热带低压。发生在北太平洋东部和大西洋的称飓风。发生在孟加拉湾和阿拉伯海的称气旋性风暴。影响我国的台风源地有三处：以加罗林群岛洋面最多，菲律宾群岛以东洋面次之，南海海面比较少。台风主要形成于5—10 月，以 7—9 月最为集中。

龙卷风及其成因

龙卷风常被称为“龙吸水”，由

于它的外形像神话传说中的龙，从天而降，把地上的水吸上天空。龙卷风是一个猛烈旋转的圆形空气柱。那么龙卷风是怎样形成的呢？其实龙卷风是空气里的涡旋。在发展强烈的积雨云中，空气扰动很厉害，里面的温度、湿度、风向和风速差别很大而引起龙卷风。例如，下沉气流风速往往达 8 级以上，而上升风速一般只有 3~4 级，这就使得积雨云内部空气扰动剧烈，产生旋转作用，当旋转作用增大到一定程度时，就形成了龙卷风。又如，地面和云层温度差距比较大，冷空气急速下降，热空气急速上升，上下层空气交替扰动，形成许多小涡旋。这些小涡旋逐渐扩大，上下激荡越发厉害，形成了大涡旋，也会形成龙卷风。

飓风

飓风和台风一样都是发生在热带海洋上的暖心气旋性涡旋，是一种热带气旋。飓风常常行进数千千米，横扫多个国家，所以也是一种比较严重的自然灾害。飓风风速很大，通常在 30 米/秒左右，最大可以达到 80 米/秒。飓风往往短时间内能释放出巨大的能量，飓风一旦登陆，便会给周围人类带来无法估计的损失。飓风产生于热带海洋是因为温暖的海水给飓风提供了源源不断的动力。另外，它还会引发风暴潮。一般飓风按风速可以分为五级。一级：最高持续风速 33~42 米/秒。二级：最高持续风速 43~49 米/秒。三级：最高持续风速 50~58 米/秒。四级：最高持续风速 59~69 米/秒。五级：最高持续风速 ≥70 米/秒。飓风多发生在 6—9 月。运行方向自东向西。

环境资源

环境资源

环境资源指的是将环境的整体看作是资源总和。各种自然资源和它们组合的各种状态都是人类赖以生存与发展的物质基础，这些都是环境资源，例如，阳光、空气、水、土地、森林、草原、动物、矿藏等。合理地开发和利用环境资源会给人类社会进步与经济发展带来巨大影响。为此，1982 年 2 月，中国政府从对环境资源的保护出发，确定按类分别由各部和国务院直属局分工合作负责保护，并将环境资源的使用、管理和保护结合起来。

不可再生资源

不可再生资源指的是经过漫长年代和特定的历史条件形成的各种矿产资源。这种资源一般储量有限，经过开发和使用以后不能重复再生，短期内无法恢复。例如，社会生产和人类生活所离不开的煤、石油和天然气就是典型的不可再生资源。油页岩和核燃料铀、钍等也是不可再生资源。随着社会的不断进步，人类对这些资源的需求日益增加，资源的储量却越来越少，所以应该合理利用。

可再生资源

可再生资源指的是能够循环使用，不断得到补充的资源，例如，太阳能资源、风能资源、地热资源等。这些资源能量巨大，可以说是解决人类未来能源问题的重要保障。另外，土地资源、水资源和生物资源若能合理利用，妥善保护，也能再生。如果保护不当，不合理利用就不会再生。例如，原始森林遭到破坏就很难再恢复；生物资源中，某些生物种类灭绝后也不会再生。可再生资源虽然储量无限，但是由于科学技术水平有限和生产费用昂贵，目前利用率还不高，有待我们进一步去研究和开发。

能源资源

能源资源即含有能量的资源，指的是能够为人类提供能量的物质。它是一种综合性的自然资源，包括煤、石油、天然气、水能、太阳能、风能、生物质能、地热能、海洋能、核能等。人类采用适当的转换手段利用这些能源资源并转化为所需的能量或者物质。例如，柴草、煤炭、石油和石油加工出来的产品等。历史上，人类经历了柴草能源时期、煤炭能源时期和石油天然气能源时期，目前正向新能源时期过渡，无数学者在不懈地寻找开发更新更安全的能源，相信能源的多元时代即将来临。

初级能源

初级能源一般指自然界中以原有形式存在的、未经加工转换的能源。如煤、石油、天然气等。煤炭、石油等化石能源，是因为古生物吸收太阳能而转化为生物质能，再由生物质能转化而成的。一般初级能源都是有限的，专家估计，地球上的石油储量只够开采50年，天然气只能开采60年，煤也只能开采200年。

新能源

新能源又称非常规能源，是相对于常规能源而言的各种能源形式，是指正在研究、试用、有待推广的能源。例如太阳能、生物能、风能、海洋能、地热能及核聚变能等。而且新能源一般都是无污染的。随着能源消费的日益增加，常规能源的储量逐渐减少，已经不能满足人类的需求。大力开发新能源成为世界各国关心的重大问题。目前各国正在大力研究开发新能源。

太阳能

我们知道太阳蕴含着巨大的能量，太阳能指直接来自太阳辐射能为人类利用的光和热能量的总和。每年投射到地球表面的太阳能，相当于130万吨标准煤的发热量。早在2 000多年前的战国时期，我国人民就知道利用钢制四面镜聚焦太阳光来点火和利用太阳能来晾晒农副产品。当今社会，太阳能已经被广泛利用，它既是一次能源，又是可再生能源。它资源丰富，可以免费使用，无污染。人们直接利用太阳能的方式主要体现在三大领域：一是光热转换；二是光电转换；三是光化学转换。在应用领域方面已涉及工业、农业、建筑、航空航天等行业和部门。

生物能

生物能指的是以生物为载体，将太阳能以化学能形式储存的一种能量，它直接或间接地来自植物的光合作用，其蕴藏量极大，仅地球上的植物，每年生产量就相当于目前人类消耗矿物能源的20倍。在各种可再生能源中，生物能是储存太阳能、唯一可再生的碳源，可转化成常规的固态、液态和气态燃料。生物能可以作为一种燃料，而且是低硫的。将有机物转化成燃料可减少环境污染，给人类的生活带来许多方便。生物能数量庞大，形式繁多，根据来源可以把生物能分为林业资源、农业资源、生活污水和工业有机废水、城市固体废物和畜禽粪便等。包括薪柴，农林作物，农业和林业残剩物，食品加工和林产品加工的下脚料，城市固体废弃物，生活污水和水生植物等。

石油

石油是一种液态的矿物资源，是一种呈油质状态的黏稠液体，也是一种可燃的化石燃料。石油主要由碳氢化合物的混合物组成。其中碳和氢占98%以上，碳占84%~86%，氢占12%~14%。石油的成分主要有油质、胶质、沥青质和碳质。石油的颜色是它本身所含胶质、沥青质的含量决定的，含量越高颜色越深。石油颜色非常丰富，有红色、金黄色、墨绿色、黑色、褐红色甚至透明色。石油颜色越浅其油质越好，透明的原油可直接加在汽车油箱中代替汽油。石油的可燃性能好，单位热值比煤高1倍，还具有比煤清洁、运输方便等优点。目前，石油不仅是世界主要的工业原料，也是重要的军用物资，日常生活的必需品。石油被誉为现代工业的“血液”。

石油的分布

石油大部分分布在海洋，海洋中的大陆架是滋养石油的温床。世界海洋面积有3.6亿平方千米，大陆架和大陆坡约5500万平方千米。地球上已探明的石油储量中，最终可采储量的45%都埋藏在海底。已探明石油主要分布在西半球，第二次世界大战后，东半球成了世界已探明石油资源的主要蕴藏地，其中中东是重要的石油产区，占已探明石油储量的68%。非洲、俄罗斯和亚太地区也是重要的石油产区。沙特阿拉伯、伊拉克和科威特等国家都是石油的主产国，其他国家如俄罗斯、美国、挪威、中国、墨西哥和委内瑞拉等国也是石油的重要生产国。

天然气

天然气是由古生物的遗骸长期埋于地下，慢慢转化及变质裂解而产生的气态碳氢化合物。它具有可燃性，多在油田开采石油时伴随而出。天然气主要包括油田气、气田气、煤层气、泥火山气和生物生成气等。世界天然气产量中，主要是气田气和油田气。现在对煤层气的开采也已逐渐受到重视。天然气密度小，具有较大的压缩性和扩散性，采出后经管道输出可作为原料，也可以压缩后灌入容器中使用，或制造成液化天然气，运输比较方便。天然气有许多优点：它不需重复加工就可直接作为能源；加热的速度快，容易控制；质量稳定，燃烧均匀，基本上无污染。天然气的热值、热效率比煤炭和石油要高，给人类的生活带来了不少方便。

煤

煤是一种重要的能源，也是冶金、化学工业的重要原料。它是植物遗体经生物化学作用，埋藏于地下经地质作用转变而形成的，一般分布在各大陆和大洋岛屿。煤主要由碳、氢、氧、氮、硫等元素组成，其中碳、氢、氧3种物质的总和约占95%以上。碳是重要的组分，煤化程度越深，它的含量越高。很多年以前，煤就被广泛地用作工业燃料，尤其是19世纪英国的工业革命更是燃烧了大量的煤。煤一般可以分为褐煤、烟煤、无烟煤。

褐煤：黑褐色块状，质地疏松，含挥发成分40%左右。燃烧点低，火焰大，冒黑烟。一般含碳量与发热量较低，燃烧时间短。

烟煤：黑色有光泽，一般为粒状、小块状，也有粉状的，质地细，含挥发成分30%以上，燃点不太高。含碳量与发热量较高，燃烧时有大量黑烟，燃烧时间较长。

无烟煤：有粉状和小块状两种，黑色有金属光泽。含碳高但挥发成分含量低，在10%以下，燃点高但发热量大。

煤气

煤气指的是以煤为原料加工制得的含有可燃成分的气体。煤气既可以作为燃料，也可以作为化工原料。煤气也可以用天然气、轻质油和重油制得。煤气可以分为：水煤气、半水煤气和空气煤气。这些煤气的发热值较低，故又统称为低热值煤气。一般的煤气是煤经干馏得到的焦炉煤气，属于中热值煤气，热效率比较高，燃烧稳定，净化程度好，运输也比较方便。

火力发电

火力发电是以燃烧石油、煤或天然气，将水变成蒸汽以旋转气轮机，带动发电机的一种发电方法。我国的发电方式以火力发电为主，煤是主要原料。火力发电系统主要由燃烧系统（以锅炉为核心）、汽水系统（主要由各类泵、给水加热器、凝汽器、管道、水冷壁等组成）、电气系统（以汽轮发电机、主变压器等为主）、控制系统等组成。火力发电具有污染重、成本高等缺点。目前，各国正在大力发展清洁环保的发电方式。

水力发电

水力发电指的是将水能转化成电能的过程，是利用江河、湖泊或海洋资源的一种发电方法。在自然状态下，河川水流的这种潜能以克服摩擦、冲刷河床、挟带泥沙等形式消耗掉。水力发电站可以充分利用这部分能量。水力发电站要在场房内安装水轮机、发电站和变压器等机械设备。因水力发电厂所发出的电力电压低，要输送到远距离的用户，必须将电压经过变压器提高后，再由架空输电线路输送到用户集中区的变电所，再次降低为适合于家庭用户、工厂用电设备的电压，并由配电线输送到各工厂及家庭用户。世界各国从20世纪70年代起开始大力发展水电。水力发电机的设备比较简单，转速比较低，没有高温高压，综合效益显著。世界水力发电站的水能利用率在 80%左右，比火力发电和其他可再生能源的利用率都高。

风能

风能是一种可再生、无污染而且储量巨大的能源，它是一种取之不尽、用之不竭、无需开采、运输的新能源。

风能的利用主要是以风能作为动力和风力发电两种形式，其中又以风力发电为主。丹麦是最早利用风力发电的国家。目前，世界风力发电总量居前三位的分别是德国、西班牙和美国，三国的风力发电总量占全球风力发电总量的 60%以上。不过风能也有许多不足。例如，风力的不经常性和分散性，它方向不定，有时大有时小，变幻莫测，若用来发电则应解决调速、调向、储能等特殊问题。风的空气密度极小，仅是水密度的 1/816，因此要获得与水能同样的功率，风力机的风轮直径要比水轮机的叶轮直径大几百倍。风能利用必须解决的问题是如何降低风力发电机叶片的巨大制造成本，提高转子效率，延长发电机寿命等。

风力发电站

风力发电站是利用风能驱动风轮机以带动发电机产生电能。风力发电站主要由能量转换装置、蓄能装置和控制系统等组成。风力发电站按容量大小可以分为大型、中型、小型 3 种。容量在 10 千瓦以下的为小型；10~100 千瓦的为中型；100 千瓦以上的为大型。单机组容量从几十瓦到 5 000 瓦不等。中小型发电站的技术问题已经解决，主要用于充电、照明、卫星地面站电源、灯塔和导航设备的电源，以及民用电力达不到的边远地区。风能是一种随机性能源，有间歇性，而且风向不定，所以风力发电要有控制系统。

地热能

地热能指的是地壳内部的热能，这种能量来自地球内部的熔岩，是以热力形式存在的，它集中分布在构造板块边缘一带，也是火山和地震多发的地区。有人计算过，假若把地球上储存的煤燃烧时放出的热量当作 100 的话，那么地球上储存的石油只有煤的 3%，核燃料为煤的 15%，而地热则为煤的 1.7 亿倍。地热能能量巨大，大约是世界上油气资源所能提供能量的 5 万倍，每天从地球内部传到地面的能量，就相当于人类一天使用能量的 2.5 倍。地热能有两种类型：一是以地热水或蒸汽形式存在的水热型；另一种则是以干热岩体形式存在的干热型。干热岩体热能是未来大规模发展地热发电的真正潜力。人们利用地热能的重要方式之一便是地热发电。

地热发电站

地热发电站指的是利用地下热水、蒸汽或者高温岩体作为能源建立的发电站。地热发电是根据能量转换原理把地热能转换为机械能，然后又把机械能变为电能。地热发电站包括蒸汽型地热发电站和热水型地热发电站。1904 年，意大利在拉德瑞罗地热田建立世界上第一座 0.75 马力的地热发电实验装置。到 1982 年世界地热装机容量已经达到 271 万千瓦。2000 年，中国地热的装机容量达到 1 764 万千瓦。在一些能源缺乏的地区，利用地热发电具有重大意义。

蒸汽发电

蒸汽发电指的是靠地下汲取的蒸汽推动汽轮机旋转的发电方式。自从瓦特发明了蒸汽机，人们逐渐认识到蒸汽对人类的价值。蒸汽可以产生巨大的能量，可用来发电等。这种发电需要先从蒸汽中把热水分离出来，再将热水送回到地下。推动汽轮机的蒸汽经复水器、冷却塔后变成冷水。可以用来冷却蒸汽。用蒸汽发电可以减少资源浪费、提升企业整体经济运行质量，还能循环利用能源，为公司创造可观的经济效益。现在有一种“富氧蒸汽发电法”是利用发电厂具有大量蒸汽的有利条件，将一部分蒸汽进行处理，使之成为“富氧蒸汽”作为热源而发电的方法。

海洋能源

海洋底下蕴藏着丰富的石油和天然气，这是我们不可缺少的能源。海洋能源包括潮汐能、波浪能、海流能和海洋温度差能、海水盐度差能。另外还有海洋生物能、海洋地热能等能源。这些能源都是海上、海中或海底的可再生能源，一般都属于新能源，而且无污染。潮汐能就是潮汐运动时产生的能量，是人类最早利用的海洋动力资源。唐朝时中国在沿海地区就出现了利用潮汐来推磨的小作坊，后来法、英等国也出现了潮汐磨坊。全世界的海洋潮汐能约有 20 多亿千瓦，每年可发电 12 400 万亿千瓦时。世界上第一个也是最大的潮汐发电厂就处于朗斯河河口，年供电量达 5.44 亿千瓦时。另外波浪能也有巨大的能量，可以用来发电。总之这些海洋能源为人类的生活带来了许多方便，也为社会的发展做出了极大的贡献。

原子能

原子能又称“核能”，是在核反应过程中，原子核结构发生变化而释放出的巨大能量。核能与原子核的状态有关系。全世界有许多核反应堆在运转，我们通常所说的原子能技术就是利用受控核裂变能量的技术。原子能是能够大规模发展又相对不容易造成污染的能源。

核聚变

核聚变指的是由两个很轻很结实的原子核聚合到一起，变成一个比较重的原子核的核反应，称为“聚变反应”。聚变反应形成一种新的原子核叫核聚变。聚变反应放出的原子能，就叫作聚变能。核聚变燃烧的燃料是氘和氚，而这两种物质在海水中大量存在。所以核聚变是一种取之不尽、用之不竭的新能源。核聚变会产生巨大的能量，1 千克氘和氚通过聚变反应释放出来的能量，同燃烧 1 万吨优质煤放出

来的能量相等。核聚变和核裂变都是通过核反应产生的，但聚变比裂变产生的威力大得多。

核能发电

核能发电指的是利用核反应堆作为热源，产生高温高压的蒸汽，从而驱动发电机发电的一种发电方式。核能发电站与火力发电站类似，只是所使用的燃料不同。1954 年，苏联建成世界上第一座核能发电站，装机容量为 5 兆瓦。之后英、美等国也相继建成各种类型的核电站。到 1960 年，有 5 个国家建成 20 座核电站，装机容量为 1 279 兆瓦。因为用核能发电会产生巨大的能量，所以用核能发电必须要有特殊的保护措施，要安全地从核反应堆中取出能量，以免对附近的居民造成伤害。

海洋环境

海洋的形成

关于海洋的形成目前尚没有最终的答案。大多数科学家认为：大约在50亿年前，从太阳星云中分离出来的一些大大小小的星云团块在运动过程中，互相碰撞，彼此结合逐渐成为原始的地球。原始的地球没有大气，没有海洋，是一个没有生命的世界。在地球形成后的最初几亿年里，由于地壳比较薄，地球的内部放射性元素的衰变等原因，地球内部的岩浆不断上升喷出。大量的水蒸气、二氧化碳等气体也随岩浆一起喷出。这种气体上升到空中笼罩了地球，地球冷却后，这些水蒸气形成云层，产生降雨。经过很长时间的降雨，原始地壳低洼处汇集了巨大的水体，形成了原始的海洋。

原始的海洋，海水不是咸的，而是带酸性、又是缺氧的。水分不断地蒸发，反复地成云致雨，把陆地和海水中岩石的盐分溶解，汇于海中，经过了亿万年的融合，形成了大体均匀的咸水。同时，大洋地壳不断地运动，逐渐形成了大陆架、海沟、海底火山和岛屿等海洋地貌。大约在38亿年前，在海洋里产生了有机物，先有低等的单细胞生物。在6亿年前的古生代，有了海藻类，在阳光下进行光合作用，产生了氧气，慢慢地才有了生物登陆。又经过不断地变化，逐渐形成了今天的海洋。

海

海是海洋的边缘，是大洋的附属部分。海水透明度比较小，深度一般在3 000米以下，面积占海洋总面积的11%。海水的温度受大陆的影响很大，具有明显的季节变化。一般情况下，由于夏季大陆温度比冬季高，所以夏季海水会变暖，冬季海水会变冷甚至结冰。海水在不断地蒸发，如果蒸发量比较大，其含盐量会很高，如果海水没有淡水注入，它的含盐量也会比较高；如果海水蒸发量小或者有很多的淡水注入，这种海水含盐量就比较低。海上一般不会自发产生潮汐，潮汐多从大洋传来。海流有自己的环流形式，季节变化很明显。海又可以分为边缘海和内陆海。

洋

洋指的是地球表面连续的广阔水体，又称为“大洋”或“世界大洋”。洋是海洋的中心部分，是海洋的主体。洋的透明度高，水中极少有杂质。大洋的水深，一般在3 000米以上，最深处可达10 000多米。洋离陆地遥远，它不受陆地的影响，所以它的水文和盐度的变化不大。洋有稳定的物理化学性质、独立的潮汐系统和强大的洋流系统，洋底沉积物一般为钙质软泥、硅质软泥和红黏土等海相沉积。世界大洋的总面积很大，约占海洋面积的89%。世界有四大洋，即太平洋、印度洋、大西洋、北冰洋。其中太平洋是世界上最深、最大、最古老的大洋。除北冰洋之外，其他三大洋在南半球连在一起。

边缘海

边缘海又称“陆缘海”，指的是位于大陆边缘，以半岛、岛屿或群岛与大洋分隔，仅以海峡或水道与大洋相连的海域。边缘海水流交换通畅，主要潮汐和海流直接来自大洋，水文特征受大陆影响，变化比大洋大。边缘海按其主轴方向分为纵边缘海和横边缘海。边缘海主轴方向平行于陆地的主断层线，称为纵边缘海，例如，白令海、鄂霍次克海、日本海等；边缘海的主轴方向与陆地的主断层线大体上直交，称为横边缘海，例如，北海等。位于澳大利亚东面的珊瑚海是世界上最大的边缘海，也是世界上最大的海，海域总面积约有479万平方千米。

内陆海

内陆海是位于大陆的内海，仅通过狭窄的海峡与大洋或其他海相通。中国的两个内陆海分别是渤海、琼州海峡。里海是世界上最大的内陆海。内陆海水文特征受周围大陆影响比较显著。世界大洋的内陆海总面积占大洋面积的8.8%。内陆海又可以分为陆间海和陆内海两种。陆间海总面积占大洋总面积的8.2%。陆内海又称陆内地中海，是深入一个大陆的海，例如，哈得孙湾、红海、波罗的海、波斯湾等，陆内海总面积占大洋总面积的0.6%。

海岸

海岸是由地壳的运动形成的，指的是海洋和陆地相互接触和相互作用的地带。它是海岸线上边很狭窄的那一带陆地。它经常遭受到海浪等的作用。海岸的宽度一般从几十米到几十千米。海岸一般包括上部地带、中部地带和下部地带。上部地带，又称为陆上岸带，是过去因海水侵蚀作用而形成的阶地地形，一般风浪和潮汐都不会到达这里；中部地带，又称为潮间带，是由海滩和潮坪两部分组成的，这一带是海浪活动最积极的地带，当然作用也比较强烈；过去的海岸就是下部地带，又称水下岸坡带，如今已下沉到海水底下的地方，这里波浪、潮汐没有显著的作用。根据海岸的动态变化可分为堆积海岸和侵蚀海岸；根据地质构造可分为上升海岸和下降海岸；根据海岸组成物质的性质可分为基岩海岸、沙砾质海岸、淤泥质海岸、红树林海岸和珊瑚礁海岸。

在漫长的海岸带蕴藏着丰富的生物、矿产、能源、土地等自然资源，还有众多深邃的港湾，以及贯穿内陆的大小河流。它不仅是国防的前哨，又是海陆交通的枢纽。自古以来，海岸一直是人类经济活动频繁的地带。这里遍布着工业城市和海港。海岸还具有奇特的、引人入胜的地貌特征，可以开辟为旅游胜地。

海岸线

海岸线指的是海水面与陆地的分界线。海岸线会随着潮水的涨落而变动位置，一般指海边在多年大潮时高潮所到达的线。海岸线并不是固定不变的，而是不断变动的。海水昼夜不停地反复涨落，海平面与陆地交接线也在不停地升降改变。如果每时每刻海水与陆地的交接线都能留下鲜明的颜色，那么一昼夜间的海岸线痕迹是具有一定宽度的一个沿海岸延伸的条带。气候的急剧变化，引起了世界洋面水位的升降，是造成大范围海岸线变动的原因。地壳的升降运动也是造成局部

地区海岸线变化的原因。海岸线的变动还有其他因素，比如特大的潮灾、地震、海啸，这些自然灾害可以在瞬间破坏海塘，毁坏海岸，造成海岸线的突变。

海洋的最深点

每个海洋都有其最深点，主要海洋的最深点为：

太平洋：11 034 米

大西洋：9 218 米

加勒比海：7 680 米

印度洋：7 729 米

南海：5 567 米

地中海：5 121 米

北冰洋：5 527 米

白令海：5 500 米

世界著名海港

一、上海港（中国）：它是中国沿海最大的港口和运输枢纽，也是国际贸易上最著名的港口之一。

二、香港（中国）：是当今世界上最优良的三大海港之一。

三、大连港（中国）：大连港是东北地区最大的海港。

四、符拉迪沃斯托克港（俄罗斯）：位于俄罗斯滨海边疆城市，是俄罗斯太平洋沿岸著名港城。

五、新加坡港（新加坡）：是太平洋与印度洋之间的航运要道，处在马六甲海峡的东口。

六、横滨港（日本）：是日本最大的海港，也是亚洲最大的港口之一。

七、神户港（日本）：位于日本本州岛西南部，大阪湾北岸。

八、名古屋港（日本）：日本最大的国际贸易港口之一，主要输出产品中有一半以上与汽车相关。

九、纽约港（美国）：是美国东部较大的港口之一，毗邻大西洋。

十、洛杉矶港（美国）：是美国西部海岸的最大商港。

十一、圣弗朗西斯科港（美国）：圣弗朗西斯科（旧金山）是美国太平洋沿岸仅次于洛杉矶的第二大港口。

十二、温哥华港（加拿大）：温哥华是加拿大最大的海港。

十三、悉尼港（澳大利亚）：悉尼港是澳大利亚进口物资的主要集散地。港湾总面积为 55 平方千米，口小湾大，是世界上著名的天然良港。

十四、奥克兰港（新西兰）：奥克兰港是新西兰规模最大的港口。

十五、巴拿马港（巴拿马）：位于中美地峡东南部，南濒太平洋，北临加勒比海。

十六、孟买港（印度）：是印度最大海港，也是印度海陆空的交通枢纽。

十七、里斯本港（葡萄牙）：是葡萄牙最大的港口，也是世界上最大的软木输出港。

海浪

海浪是在海风作用下海水往复运动的现象。这种运动能产生巨大的能量。海浪周期一般为 0.5~25 秒，海浪主要有风浪、涌浪和近岸浪三种。风浪是在风的直接作用下生成的，通常风力达到 5 级时，海面上就会出现风浪，波面比较陡。当风停止后，风浪可以离开风吹刮的区域继续向外传播，这时的浪称为涌浪。风浪和涌浪传至岸边时几乎成为一条直线，这种浪称为近岸浪。海浪在水平方向上可以传播近万里。在太平洋北部的阿拉斯加海岸，可以观测到南极风暴区传来的海浪。海浪一般高达 6 米以上，最高的可达 35 米，其冲击力每平方米可达 30~40 吨，能将重达 10 多吨的巨石抛到空中，是一种严重的海洋灾害。海浪对人类的危害主要表现为冲击摧毁沿海的堤岸、海塘、码头和各类建筑物，吞没船只、人畜和水产养殖品，给沿岸地区的人类造成了很大的损失。

潮汐周期

我们在海岸可以见到的潮，一般涨落周期为 12 小时，而最大潮和最小潮的潮期大约为半月（14.8 日）。潮汐指任一天体在其他天体引潮力作用下产生形变或长周期波动的现象。就地球来说，一般潮汐可分为全日周潮、半日周潮和混合潮。全日周潮：在一个太阴日，即大约 24 小时 50 分钟内发生一次高潮和一次低潮的现象；半日周潮：在一个太阴日发生两次高潮和两次低潮的现象；混合潮：在半日周潮海区中，如两次高潮和低潮的潮位、涨落潮的时间不相同，并且半月中有数天出现全日周潮的现象。其中混合潮又可分为不正规日周潮和不正规半日周潮。

海啸

海啸是海浪中破坏性最大的波浪。它是由海底地震、火山爆发或水下塌陷和滑坡所激起的巨浪。海啸是一种频率介于潮波和涌浪之间的重力长波，其波长为几十到几百千米，周期为2~200分钟。海啸震源的水面最初升高的幅度在一两米之间。地震发生时，海底底层发生断裂，部分地层出现猛烈上升或下沉，由此造成从海底到海面的整个水层发生剧烈的“抖动”，这种抖动是从海底到海面的水面波动，蕴含着惊人的能量，这就是海啸。

海啸预警系统

半个多世纪以来，科学家们致力于研究海啸发生的规律，尤其是地震引发的海啸，他们希望能够准确预报，防患于未然。在夏威夷群岛发生海啸后的第三年（1948年），美国设立了海啸预警中心。后来一些国家先后加入，例如，澳大利亚、新西兰、法国和俄罗斯等。海啸预警系统一般是把参与国家的地震监测网络的各种地震信息全部汇总，输入计算机进行分析，并设计成电脑模式，来判断出哪些地方会发生海啸以及海啸的规模和破坏性。例如，太平洋内的任何海域发生6级以上地震时，海啸预警系统就会自动报警，它能找出震中所在地，确定其震级，并对震中附近水位波动情况进行观测，若经过分析后可能发生海啸，该报警中心会立即通知相关国家或地区。

海洋的深度、颜色、味道

地球表面约有70%的区域是被水覆盖的。全球海水的平均深度有3800米，马里亚纳海沟是世界海洋范围内最深的地方，用声波反射测得海沟的深度为 11 034 米。假如把地球上的所有山脉全部削平均匀地铺在地球上，覆盖球面的海水会达到 2 500 米深。海洋的颜色是蔚蓝色的，这是由于海水分子和悬浮颗粒对光的吸收、反射和散射形成的。太阳光中的红、橙、黄光穿透能力比较强，容易被水分子吸收，蓝、紫光穿透能力比较弱，遇到纯净海水时，最容易被反射。由于人的眼睛对蓝光最敏感，所以人们看到的大海是一片蔚蓝。海水的味道是咸的，海水中的盐类物质主要是由流入海中的河水带来的。水在流动过程中，经过各种土壤和岩层，并经过分解产生各种盐类物质，它们被带入大海。海水不断蒸发，经过了亿万年，盐的浓度越来越高，其中有 90%左右是氯化钠，即我们所说的食盐。

洋底地貌、洋流和渔场

大陆架的分布

大陆架又叫“陆坡”或“大陆斜坡”，是大陆向海洋的自然延伸，是陆地的一部分。它指的是从海岸线起，直到海底坡度显著增加的陆架坡折处。陆架坡折处的平均水深为 130 米，也有把 200 米水深线作为陆架下线的。大陆架坡度较小，起伏也不大。全球大陆架面积约为 2 710 万平方千米，平均宽度 75 千米，不到海洋总面积的 10%。大陆架是地壳运动或海浪冲刷的结果。地壳运动可能会使陆地下沉，淹没在水下，形成大陆架。海水冲击海岸，产生海蚀平台，淹没在水下，也能形成大陆架。在大陆架上有流入大海的江河冲击形成的三角洲。大陆架有丰富的矿产资源，已发现的有石油、煤、天然气、铜、铁等 20 多种矿产。大陆架中的石油储量占整个地球石油储量的 1/3。大陆架的浅海滩是鱼类等海生动植物生长繁殖的温床。我国近海大陆架面积比较广阔。渤海、黄海的海底全部是大陆架。东海海底的 2/3，南海海底的 1/2 也都是大陆架。其中东海大陆架宽 200~600 千米，南海大陆架宽 180~250 千米。

洋底的地貌

洋底是大洋的主体，占海洋总面积的 80%左右。一般人可能会认为洋底是平坦的，其实并非如此。洋底的起伏形态与陆地相似，有雄伟的高山、坦荡的平原、深邃的海沟和陡峭的峡谷等，地形也是十分复杂的，但分布很有规律。它主要由大洋中脊和大洋盆地两大部分构成。在各大洋的中部，都有一条高峻脊岭，它们之间相互连接，全长约 80 000 千米，贯通四大洋，统称大洋中脊，是火山活动的地带，常有火山喷出岩浆。大洋中脊的两侧是广阔的大洋盆地。盆地中有海岭、海底高原等分布。另外，还有大陆边缘，它是位于大陆和洋底两大台阶面之间的广阔过渡地带。

洋流

洋流又称“海流”，是海洋中海水沿一定的方向，并且速度相对稳定的一种大规模的运动，这种运动是非周期性的。洋流既可以出现在海洋的表层，也可以出现在海水深处。洋流具有非常大的规模，它是促成不同海区之间大规模物质交换和能量交换的主要因素，而且洋流会影响它上空的气候和天气。地球上的洋流分布主要受盛行风、海水密度、地转偏向力、海底地形、海岸轮廓和岛屿等的影响。

洋流的种类

洋流按其流经水域的水温差异可以分为暖洋流和寒洋流；按其与海岸的相对关系可以分为沿岸流、向岸流和离岸流；按其成因可以分为风海流、密度流和补偿流。

风海流：这种洋流的主要动力是大气的运动和近地面风带。在盛行风的吹拂下，表层海水随风飘动，上层海水带动下层海水流动，形成规模很大的洋流，叫风海流。

密度流：由于各海区海水的温度、盐度不同，引起海水密度的差异，导致海水的流动，这种洋流叫作密度流。

补偿流：某一海区的海水因风力或密度差异等原因流走后，相邻海区的海水就流来补充，从而形成补偿流。补偿流有水平的，也有垂直的。垂直补偿流又分为上升流和下降流。

世界主要洋流

世界主要洋流有以下几种。

太平洋：北赤道暖流、日本暖流（黑潮）、北太平洋暖流、阿拉斯加暖流、千岛寒流（亲潮）、滨海寒流、加利福尼亚寒流、赤道逆流（反赤道流，系暖流）、棉兰老暖流、南赤道暖流、东澳大利亚暖流、西风漂流（寒流）、合恩角寒流、秘鲁寒流。

大西洋：北赤道暖流、圭亚那暖流、加勒比海暖流、佛罗里达暖流、安的列斯暖流、墨西哥湾暖流（简称湾流）、北大西洋暖流、伊尔敏格尔暖流、西格陵兰暖流、拉布拉多寒流、加那利寒流、赤道逆流（暖流）、几内亚暖流、南赤道暖流、巴西暖流、合恩角寒流、马尔维纳斯（福克兰）寒流、西风漂流（寒流）、本格拉寒流、厄加勒斯暖流。

印度洋：季风暖流、赤道逆流（暖流）、南赤道逆流、索马里暖流、莫桑比克暖流、马达加斯加暖流、厄加勒斯暖流、西风漂流（寒流）、西澳大利亚寒流。

北冰洋：挪威暖流、北角暖流、斯匹次卑尔根暖流、北冰洋寒流、东格陵兰寒流、东冰岛寒流。

渔场的形成条件

渔场的形成首先要有丰富的鱼饵，一般沿海大陆架海域，即从海岸延伸到水下大约 200 米深的大陆海底部分，特别是大江大河的入海口，大都可以成为优良的渔场。入海河流带来丰富的营养盐类，这里阳光充足，并且有大量的浮游生物，充足的光照为这些生物的光合作用提供了丰富的原料，它们大量的繁殖，为鱼类的繁殖和生长提供了丰富的饵料。另外，外海盐度比较高的水与沿岸盐度比较低的水交汇，形成混合海水区，以及冷、暖洋流交汇的海域和深海中有自下而上的上升水流涌升的海域等，这些地方也有鱼类生长繁殖所需要的饵料，适宜的水温和盐度也有利于产卵，也可成为良好的渔场。

世界四大渔场

洋流对渔场有一定的影响，从而形成了世界著名的四大渔场。

北海道渔场：是由日本暖流与千岛寒流交汇形成的，是世界第一大渔场。北海道渔场渔业资源丰富，主要产鱼类型有：鲑鱼、狭鳕、太平洋鲱鱼、远东拟沙丁鱼等。

秘鲁渔场：是由秘鲁沿岸的上升补偿流形成的。鳀鱼体扁平，身长 10 厘米左右，呈蓝绿色，形似沙丁鱼，习称秘鲁沙丁鱼。秘鲁所产的鱼大都用来做成鱼油出口。

北海渔场：是由北大西洋暖流与东格陵兰寒流交汇形成的。北海渔场主要产鳕鱼、鲱鱼、毛鳞鱼等。

纽芬兰渔场：是由墨西哥湾暖流与拉布拉多寒流交汇形成的。纽芬兰渔场主要产鱼类型为鳕鱼。

岩石、土壤和矿物

岩石

地球是一个由不同物质和不同状态的同心圈层构造所组成的球体。这些圈层可以分为外部圈层和内部圈层。其内部圈层可以分为地壳、地幔、地核。地壳深处和上地幔的上部主要由火成岩和变质岩组成。其中地壳就是由岩石构成的，也就是说，岩石组成地球的外壳，覆盖在地球的表面。岩石有各式各样的种类，通常我们所说的石头，就是岩石破碎之后的东西。那什么是岩石呢?

岩石指地球上部由各种地质作用形成，由一种和几种矿物或天然玻璃组成，具有稳定外形的固态集合体。岩石是地壳发展过程中的产物，它的种类很多，一般分为岩浆岩、沉积岩和变质岩 3 大类。

岩石的构成和分类

一般来讲，岩石是由各种矿物构成的。例如，花岗岩是由石英、长石和黑云母构成的；橄榄岩是由橄榄石和辉石构成的。

岩石按其所组成矿物的种类分为单矿岩和复矿岩。其中由一种矿物组成的岩石叫作单矿岩，例如，大理岩由方解石组成；由几种矿物组成的岩石叫作复矿岩，例如，花岗岩。岩石按其成因分为岩浆岩、沉积岩和变质岩。其中岩浆岩是由高温熔融的岩浆在地表或地下冷凝所形成的岩石，又称为“火成岩”，在地球上岩浆岩所占比重最大，为 64.7%；沉积岩是在地表条件下由风化作用、生物作用和火山作用的产物经外力的搬运、沉积和固结而形成的岩石，比重为 7.9%；变质岩是由先成的岩浆岩、沉积岩或变质岩，由于其所处地质环境的改变经变质作用而形成的岩石，比重为 27.4%。在 3 大类岩石中，沉积岩在地表的分布最广，占所有岩石分布面积的 75%，是地表的主要岩类。

土壤

土壤指陆地表面具有肥力、能生长植物的疏松土层。它是在生物、气候环境和人为耕作措施影响下发育起来的。土壤是由固体（矿物质、有机物）、液体（水分）、气体（空气）3 种形态的物质组成的。

土壤是植物赖以生存所必需的。它是在各种成土因素非常复杂的相

互作用下形成的。土壤的形成与许多因素都有关系。风化作用使岩石破碎，理化性质改变，形成结构疏松的风化壳，这便是原始土壤形成的基础，称为成土母质。气候对土壤的形成有直接影响和间接影响。气候可以通过土壤与大气之间经常进行的水分和热量交换来影响土壤的水热状况和物理化学性质。气候还可以通过影响岩石的风化过程以及植被类型等影响土壤的形成和发育。生物是土壤有机物质的来源和土壤形成过程中最活跃的因素。土壤肥力的产生与生物的作用密切相关。地形通过引起物质和能量的再分配来影响土壤的形成。另外，时间和人为因素也会影响土壤的形成。

中国土壤系统分类

中国科学院南京土壤研究所等单位组成的中国土壤分类协作组以诊断层和诊断特性为基础的中国土壤系统分类既与国际接轨，又充分体现我国特色。除有分类原则、诊断层和诊断特性分类系统外，还有一个检索系统，可逐级检索（如下表），每一种土壤可以在这个系统中找到所属的分类位置。该系统共分14个土纲、39个亚纲、138个土类和588个亚类。中国土壤系统分类方案的高级分类单元已趋于成熟和完善，基层分类有待完善。

中国土壤系统分类检索表(土纲、亚纲)

土纲	亚纲
有机土	永冻有机土、正常有机土
人为土	水耕人为土、旱耕人为土
灰土	腐殖灰土、正常灰土
火山灰土	寒性火山灰土、玻璃火山灰土、湿润火山灰土
铁铝土	湿润铁铝土
变性土	潮湿变性土、干润变性土、湿润变性土
干旱土	寒性干旱土、正常干旱土
盐成土	碱积盐成土、正常盐成土
潜育土	永冻潜育土、滞水潜育土、正常潜育土
均腐土	岩性均腐土、干润均腐土、湿润均腐土
富铝土	干润富铁土、常湿富铁土、湿润富铁土
淋溶土	冷凉淋溶土、干润淋溶土、常湿淋溶土、湿润淋溶土
雏形土	寒冻雏形土、潮湿雏形土、干润雏形土、常湿雏形土、湿润雏形土
新成土	人为新成土、沙质新成土、冲积新成土、正常新成土

矿物及其分类

地壳中的化学元素，在一定地质条件下，结合成具有一定化学性质和物理性质的单质或化合物就是矿物。矿物是元素或化合物的天然产物，它是一切地质体的最基本组成单元。地球上已经发现的矿物有3000多种。大部分矿物是固态的，也有气态的和液态的。一般矿物具有如下特点：

1.矿物是天然生成的，即矿物是地质作用的产物。虽然矿物没有生命，但也是在漫长的地质历史时期，在自然界里缓慢形成的。

2.每种矿物都有特定的化学成分。绝大多数矿物是由两种或两种以上的元素化合而成的，例如，二氧化硅；有的矿物是由单质元素组成的，例如，金刚石和石墨。

3.矿物具有一定的化学和物理性质，例如，有的矿物易溶于水，有的矿物不溶于水；有的矿物导电，有的矿物不导电。

4.矿物是均匀而且各部分均一的。像花岗岩，它是由钾长石、斜长石、石英及黑云母等多种互不相同的物质组成的，就不是矿物，而是岩石。

矿物一般可以分为五大类，大类以下根据阴离子的种类又分为类以及亚类。

第一大类：自然元素矿物。

第二大类：硫化物及其类似化合物矿物。

第一类：单硫化物及其类似化合物矿物。

第二类：对硫化物及其类似化合物矿物。

第三类：硫盐矿物。

第三大类：卤化物矿物。

第一类：氟化物矿物。

第二类：氯化物矿物。

第四大类：氧化物和氢氧化物矿物。

第一类：氧化物矿物。

第二类：氢氧化物矿物。

第五大类：含氧盐矿物。

第一类：碳酸盐、硝酸盐、硼酸盐、砷酸盐、钒酸盐矿物。

第二类：磷酸盐、钨酸盐、硫酸盐、铬酸盐、钼酸盐矿物。

第三类：硅酸盐矿物。

第一亚类：岛状结构硅酸盐矿物。

第二亚类：环状结构硅酸盐矿物。

第三亚类：链状结构硅酸盐矿物。

第四亚类：层状结构硅酸盐矿物。

第五亚类：架状结构硅酸盐矿物。

矿石品位

矿石品位指的是矿石或产品中所含有用成分的百分含量，是衡量矿石经济价值的主要指标。矿石品位一般以重量百分比表示，例如铁、铜等；有的用克/吨表示，例如金、银；有的用克/米^{3}表示，例如砂金矿，有的用克/升表示，例如碘、溴等。矿石品位一般分为最低工业品位和边界品位。最低工业品位是独立开采矿段有益组分平均含量的最低指标；边界品位是单个试样有益组分含量的最低指标，通常根据这个品位来区分矿石和废石。

矿床

矿床指的是由地质作用形成的、有开采利用价值和经济价值矿物的聚集地。我们知道地壳中存在着人类需要的各种元素，但是人类真正能够利用的除了少数可以用作建筑材料的岩石之外，大多数岩石并不能提炼出人类所需要的各种元素。由于我们需要的元素在多数岩石中的含量特别低，如果将它们开采出来并提炼出人类所需的元素会耗费太多的金钱，得不偿失。矿床便是所含有经济价值的元素比较集中的岩石，将它开采和提炼出来的元素价值要远远大于开发它的付出。矿床有许多种类，固体矿床分布最广，液态矿床有石油、热卤水和地下水，气态矿床有天然气。按成矿作用方式，矿床可分为内生矿床、外生矿床和变质矿床。按矿产性质和工业利用情况可分为金属矿床、非金属矿床和能源矿床。

矿物的鉴定

矿物的鉴定就是要确定此矿物的种类和名称。矿物鉴定有许多方法。有些矿物有显著的物理性质，如外形、颜色、矿度和解理等，或者有特殊的光学性质等，可以直接用肉眼或者放大镜鉴定。光泽一般可分金属及非金属两大类。非金属光泽又有玻璃光泽、丝绢光泽、油脂光泽、金刚光泽等。有些矿物不具有明显的物理和化学特征，必须用仪器或者更复杂的方法加以鉴定。例如，用 X 光分析法对矿物内部原子排列进行鉴定，把电子射束照射在矿物上可以直接测定矿物的化学成分，从而鉴定矿物的类型。另外还有鉴定矿物显微晶体光学特征的光学显微镜法等。

金属矿物

金属矿物指的是表面呈可见金属光泽、具有明显金属特性的矿物。金属矿石指能够提炼出金属元素的有用矿石原料。金属一般具有延展性、导热导电性等，包括黑色金属和有色金属。黑色金属包括铁、铬、锰3种；有色金属是除铁、铬、锰以外的全部金属。金属按密度可以分为轻金属和重金属。另外金属还可以被分为常见金属和稀有金属。金属具有一定的机械性能、工艺性能和化学性能等。有的金属比较耐腐蚀，有的金属抗氧化性能比较强。

晶体

晶体指的是具有整齐规则的几何外形、固定熔点和各向异性的固态物质，是物质存在的一种基本形式。组成晶体的原子或分子都是按一定顺序有规律地排列的。晶体的结构是对称的。晶体不能用肉眼直接看出来，但是地球表面绝大部分物质都是由晶体构成的。因为地壳是由岩石构成的，而许多岩石都含有晶体矿物。晶体有很多种类，按其结构粒子和作用力的不同可分为离子晶体、原子晶体、分子晶体和金属晶体。例如，我们每天都离不开的食盐氯化钠就是离子晶体，金刚石是原子晶体，石英是分子晶体等。

宝石矿藏

许多首饰有着迷人的光泽，有的是用宝石制作的，这些宝石来自宝石矿藏。宝石矿藏是具有宝石价值的天然矿物的总称。宝石指自然界中色泽艳丽、质地晶莹、透明的单矿物晶体。它具有比较大的硬度，化学性质稳定。例如，琥珀、珍珠、珊瑚等。

宝石矿藏多是自然元素、氧化物或含氧的盐类矿物，其中硅酸盐矿物占一半。在自然界已经发现的3 000多种矿物质中，符合宝石矿藏条件的只有20多种，其中的珍贵宝石矿藏有钻石、祖母绿、红宝石、蓝宝石、猫眼、变石和翡翠等。钻石以无色透明、光彩辉煌者为瑰宝；祖母绿、红宝石和蓝宝石则以其瑰丽的色彩享得美名。国际宝石界把除钻石以外的宝石统称为有色宝石，它们在价值和档次上都有差别。宝石具有极高的观赏和收藏价值，并可以制作成多种首饰。

自然灾害

温室效应

温室效应是全球面临的一个十分严峻的环境问题，又称“花房效应”，是大气保温效应的俗称。它能使全球变暖，气温升高，犹如种植花卉保温的温室，所以又称“温室效应”。

太阳通过短波辐射为地球提供热量，地球以长波辐射的形式向外层空间放出热量，这两个过程使地球表面温度基本恒定。有一些气体会把地球向外辐射的长波吸收，以二氧化碳为主。引起温室效应的主要因子是大气中的水汽、二氧化碳和云，另外微量气体如甲烷、氮氧化物也可以引起温室效应。近百年来，随着工业化进程的推进、人类活动的加剧、树木被乱砍滥伐、人民生活水平的提高，燃烧了越来越多的煤炭、石油和天然气，这些燃料燃烧后放出大量的二氧化碳气体进入大气。二氧化碳、甲烷和氮氧化物等温室气体增加很快，这种地球大气的温室效应导致了全球范围内气候的变暖。温室效应对自然环境造成了众多危害，它能破坏地球上的生态环境，加重沙漠化，导致一些物种灭绝，加快两极冰川的融化，使得海平面上升，一些沿海城市受到威胁。科学家预测，今后大气中二氧化碳每增加 1 倍，全球平均气温将上升 1.5~4.5℃，而两极地区的气温升幅要比平均值高 3 倍左右。

酸雨

酸雨是由于工业生产排放出来的二氧化硫、氮氧化物等被烟尘中的金属离子氧化后，与大气中的水汽结合成雾状的酸，随雨水降下而形成的。工业中矿物燃料的燃烧和金属的冶炼排出了大量的二氧化硫，是造成酸雨的罪魁祸首。目前，全球有三大酸雨地区：西欧、北美和东南亚。我国的华中酸雨区是强度最高的污染区。酸雨危害极大，它可以直接使大片森林死亡、农作物枯萎；也会抑制土壤中有机物的分解和氮的固定，造成土地贫瘠。酸雨下到湖泊中，能使湖泊中几乎所有生物灭绝。酸雨会对文化古迹造成不可修复的毁坏，例如，印度的泰姬陵变色，大理石失去了原有的白色光泽。目前主要采用对原煤的脱硫化处理来减少酸雨的发生。

厄尔尼诺

厄尔尼诺现象是太平洋赤道及附近大范围内海洋和大气相互作用后失去平衡而产生的一种气候现象，是太平洋洋流间或出现的逆转现象。

在赤道南北两侧，由于常年受到东南信风和东北信风的影响，形成了两股自东向西的洋流。从太平洋东部流出的海水，靠下层海水上涌补充，由于下层海水比较冷，因此太平洋海面的水温是西高东低。这两股洋流到达大洋彼岸后，有一部分形成反向逆流，叫赤道逆流。某些年份，由于南半球东南信风突然变弱，赤道洋流也变弱，太平洋东部上升的冷水少，更多暖水随赤道逆流涌向太平洋东部。太平洋洋面的水温就变成东高西低了。这便形成了厄尔尼诺现象。

全球气候异常与厄尔尼诺暖流有密切联系。它是反映大洋海水温度和气候异常变化的重要信息。厄尔尼诺在不同的地区有不同的含义，对居住在印度尼西亚、澳大利亚等地的人来说，厄尔尼诺是产生森林火灾和严重干旱的致命原因；在厄瓜多尔和秘鲁等地区的人认为此现象会带来暴风雨，引发洪水和泥石流。厄尔尼诺现象是周期性出现的，大约每隔 2~7 年出现一次。厄尔尼诺的全过程分为前兆阶段、异常发展阶段、成熟阶段和恢复常态阶段 4 个阶段。厄尔尼诺持续时间长短不一，历时一般一年左右，暖水的扩展范围也不同，大气的变化滞后于海水温度的变化。

海啸

海啸是海浪中破坏性最大的波浪，是一种危害较大的自然灾害。海啸在深海传播时不易被察觉。海啸平均每年发生一次，但破坏性的海啸在地震构造运动出现断层、震源深度小于 50 千米、震级大于 6.5 时才发生。世界上的海啸大都发生在太平洋地区，受海啸灾害最重的国家或地区有日本、智利、秘鲁、夏威夷群岛和阿留申群岛沿岸。海啸在海岸会激起巨大的浪涛，给周围的城市和居民造成巨大的损失。

洪水

古人言“水能载舟，亦能覆舟”。可见水的威力是巨大的。洪水指的是当河、湖、海所含的水体上涨超过常规水位时的水流现象。洪水常被人们形容为“猛兽”，威胁沿河、滨湖、近海地区人们的安全，甚至淹没局地。我国古代就有对洪水的记载。由于人类的活动，地球上各处出现了明显的气候变化，人类对大自然的不断索取，对环境的污染和破坏，尤其是对树木的砍伐造成了大大小小的水灾。我国的黄河曾经多次发生过洪水。洪水主要可以分为暴雨洪水和冰雪洪水，其中暴雨洪水是由暴雨引起江河水量迅速增加并伴随水位急剧上升的现象。暴雨洪水又可以分为 3 种：雷暴雨洪水，又称“骤发暴雨洪水”，历时短，来势猛，往往在小流域造成严重的灾害；台风暴雨洪水，一般是由沿海台风产生暴雨造成的；锋面暴雨洪水，由冷暖气团交锋而产生的暴雨引起的洪水，一般历时较长，强度大而且降水总量大。冰雪洪水是由冰川和积雪融化造成的，是季节性洪水，会突然暴发，历时短，危害极大。

杀人雾

杀人雾指的是伦敦的一次烟雾污染。这是一次典型的空气污染事件。它发生在 20 世纪 50 年代，这场烟雾 4 天夺走 4 000 多条人命。过后的 2 个月中，又陆续有 8 000 多人死亡。

19 世纪中期，正值英国工业革命时代，伦敦仍用煤发电，工业革命燃烧了大量的煤。距市中心不远有许多工厂，居民家庭也用煤取暖，蒸汽机车拖着列车穿梭于伦敦和各大城市之间，对卡车和小汽车尾气污染也不加控制。这些煤的燃烧以及大量的汽车尾气排放出许多二氧化碳和烟尘，飘浮在空气中。伦敦又是一个多雾的城市，有一次一场浓雾笼罩着伦敦，空气中的污染物与雾混合在一起，彼此产生了化学反应。4 天后污染浓度增强了 10 倍，毒性加强，于是死伤很多人。

崩塌

崩塌又称崩落、垮塌或塌方，常发生在大暴雨和强烈地震之后。崩塌指的是较陡斜坡上的岩石、土体在重力作用下突然脱离山体崩落、滚动到坡脚的一种地质现象。崩塌一般速度快，规模差异大，也是一种发生在山体的自然灾害。按照坡地物质组成可以把崩塌分为崩积物崩塌、表层风化物崩塌、沉积物崩塌、基岩崩塌等。按照崩塌体的移动形式和速度可分为散落型崩塌、滑动型崩塌、流动型崩塌等。崩塌可以用遮挡、在有水活动的地段布置排水构筑物以进行拦截与疏导、在易风化剥落的边坡地段修建护墙、对缓坡进行水泥护坡等方法进行防治。

雪崩

雪崩指的是山坡上的积雪内聚力小于它所受的外力作用时，向下滑动，并在山坡积雪中发生连锁反应，引起了大量雪体崩塌的现象。雪崩速度快，崩塌量大，常发生在降雪丰富和积雪期较长的中、高山地区，是一种严重的自然灾害。雪崩对登山者、当地居民和旅游者是很严重的威胁，被人们称为“白色死神”。

雪崩的形成和发展可分为如下几个区段：形成区、通过区、堆积区。其形成与积雪厚度、山坡和沟槽的坡度等都有关系。雪崩按雪的性质可以分为雪板雪崩和松雪雪崩；按雪的含水量分为干雪雪崩和湿雪雪崩；按滑动面分为层内雪崩和全层雪崩；按雪的运动特征分腾空雪崩、地面雪崩和混合雪崩。它们的形成和发生有不同的地貌和气候条件。雪崩的冲击力量是非常惊人的。它会以极快的速度和巨大的力量卷走眼前的一切。1970 年秘鲁的安第斯山发生的一次雪崩摧毁了山峰下的城市，受灾面积达 23 平方千米，是目前世界上最大的雪崩灾害。

泥石流的危害

泥石流指的是突然暴发的饱含大量泥沙和石块的特殊山洪，存在

于世界上 50 多个国家。它常常来势凶猛、迅速并兼有崩塌、滑坡和洪水，破坏力极大，泥石流所到之处，一切尽被摧毁，常造成生命财产的重大损失。

泥石流对人类的危害具体表现在以下几个方面。

对居民点的危害：泥石流一旦冲进乡村，就会对居民和建筑物造成巨大的危害，它甚至能淹没整个村庄，居民死伤无数。

对公路及铁路的危害：泥石流会埋没铁路、公路等设施，造成交通阻塞、重大人身伤亡事件。

对水利水电工程的危害：泥石流会冲毁水电站、引水渠道及过沟建筑物，淤埋水电站尾水渠，造成大面积停电，给工业生产带来无法估量的损失。

对矿山的危害：会使矿山报废，造成矿山人员的伤亡。1970 年秘鲁瓦斯卡兰山的泥石流和1985 年哥伦比亚的鲁伊斯火山泥石流是 20 世纪最大的两次泥石流，造成了许多人死亡和巨大的经济损失。

干旱与旱灾

我们通常将年降水量少于 250 毫米的地区称为干旱地区，年降水量 250~500 毫米的地区称为半干旱地区。旱灾的形成主要取决于气候，这些地区由于降水稀少和气候干旱会产生旱灾。世界上干旱地区约占全球陆地面积的 25%，大部分集中在非洲撒哈拉沙漠边缘、中东、北美西部、澳大利亚的大部和中国的西北部。旱灾是普遍性的自然灾害，不仅导致农业受灾，严重的还影响到工业生产、城市供水和生态环境。我国古代就有许多关于旱灾的记载，最早的旱灾记载始于公元前 206 年，从那时起至 1949 年的 2 155 年中，发生过较大的旱灾 1 056 次，平均两年一次。最严重的干旱是明朝崇祯年间的大旱，连旱 17 年，赤地千里、民不聊生。干旱大多持续时间较长，影响较大。20 世纪 30 年代美国中西部的严重旱灾造成人口大量迁徙到西海岸。1970—1985 年的埃塞俄比亚由于持续干旱遭受了历史上最具有破坏性的大饥荒。这 2 个例子足以说明旱灾对人类的巨大危害。

干热风

干热风又称“干旱风”，是在暖季出现的一种又干又热并具有一定风力的灾害性天气。在北方主要危害小麦，是北方小麦产区的主要农业气象灾害之一。发生干热风时，温度显著升高，湿度大幅度降低，导致小麦的根系吸水不足，小麦枯萎，甚至死亡。

各地划分干热风的指标不同，一般以日最高气温≥30℃、14 时相对湿度小于 30%（水稻区 60%）、风速大于 3 米/秒作为干热风指标。中国的干热风可分为以下 3 种。高温低湿型。温度高，干旱，为北方小麦产区受害的主要类型。雨后枯熟型：这种干热风多见于雨后晴天，温度特别高，多发生在华北和西北等地。旱风型：温度比较低、可以小于 30℃，风速大，多发生在苏北、皖北等地。干热风会使农作物严重减产，使一个国家的农业受损。目前主要以营造防护林和选用耐干旱的农作物品种作为防治干热风的措施。

洪水与洪涝

众所周知，洪水是河流水位超过河滩地面出现的溢流现象，一旦洪水冲垮河岸、湖岸，对人类的生产和生活带来损害，就会形成洪涝灾害。

洪水可以冲垮房屋、淹没农田和村庄、造成人类和家畜的死亡，有时候还会引起瘟疫和传染病。洪涝灾害还会造成水、电力、交通、能源等的中断，城乡商业活动的停止和生活秩序的紊乱。总之它给人类带来的损失是巨大的。洪水的形成主要是因为短时间内的暴雨或长时间的持续性降水。人类对植被的破坏和对森林的砍伐，导致水土流失，河床泥沙淤积，围湖造田导致湖泊蓄水能力下降等活动又加速了洪涝灾害的发生。例如，我国 1998 年长江和松花江流域发生的特大洪水引起了严重的洪涝灾害，直接经济损失超过了 2 000 亿元。一般洪涝灾害的防治包括两个方面：一方面是减少洪涝灾害发生的可能性，另一方面是尽可能使已经发生洪涝灾害的损失降到最低。例如，建立防洪工程，具体表现为修建堤坝、整治河道、修建水库等。

冻害

冻害指的是0℃以下的低温使作物体内结冰，对作物造成伤害的一种农业气象灾害。冻害常出现在持续低温的天气之后，高纬度地区发生较多，有越冬作物冻害和经济林木冻害等。冻害会造成作物的减产。冻害中不同作物受冻害的特点不同，例如冬小麦冻害可分为冬季严寒型、入冬剧烈降温型和早春融冻型等。冻害对农业威胁很大，例如美国的柑橘生产、中国的冬小麦和柑橘生产常因冻害而遭受巨大损失。为了保护作物不受或少受伤害，应该做好防冻措施。例如，播种深度适宜；北界附近实施沟播和适时浇灌冻水；果树夏季适时摘心，秋季控制灌水，冬季前修剪、覆盖作物根茎，如葡萄埋土、经济作物覆盖塑料薄膜等。

冷害

作物在生长期遇到0℃以上的低温而受伤减产的现象叫作“冷害”，这是一种气象灾害。这种灾害有时候会发生在20℃左右，因为作物受伤一般外表没有变化，所以农民又称这种灾害为“哑巴灾”。受冷害影响最大的是水稻。例如我国四川省的水稻常遇到低温加连阴雨的灾害性天气，就容易烂根死秧。冷害一般包括干冷、湿冷和霜冻。干冷多发生在春节前，这种灾害对橡胶树危害最大；湿冷多发生在华南地区春节前后，会造成植物烂心；霜冻多发生在冬季。预防冷害的措施有适时种植与留芽、控制果期、当年种当年收等。

风暴

风暴指的是由于大风或气压剧烈变化而引起的一种天气变化。由于科里奥利效应，北半球的风暴都是逆时针方向旋转的，而南半球的风暴却都是顺时针方向旋转的。开始，空气中有一阵紊乱的气流，后发展成一片低气压。风从周围的高气压区域渐渐进入中心区域。海水给空气加温，越靠近风暴中心温度越高，上升到一定高度时，会形成雷暴雨。如果条件合适，热带低气压有可能发展成为热带风暴，并形成飓风。海洋给风暴不断地补充热量，这种热量可以使得气流上升得更快。气流被挤出风暴顶部，就像烟从烟囱中飘出去一样。很快，风暴底部又有更多的气流涌进来，以此弥补被挤出的气流。这样，风暴相当于自己在给自己补充能量。由于一些外界因素，风暴的形成过程有可能被靠近风暴“烟囱”顶端的强风所阻断。

雷暴

雷暴是一种威力巨大的自然灾害。它是一种伴有雷击和闪电的对流性天气，产生在强烈的积雨云中，云的上部常有冰晶，并伴有强烈的阵雨或暴雨，有时伴有冰雹和龙卷风。雷暴是大气中的放电现象，强雷暴天气出现有时还带来灾害，例如雷击危及人身安全，家用电器、计算机机房直接遭雷击或感应雷的影响而损坏，有时雷击还会引起火灾等。雷暴产生时有时候会生成火球，直径从 15 厘米到 2 米大小不等，也有直径很大的超过 5 米以上的火球，会对人和建筑物造成难以估量的伤害。

飑线

大气进行对流运动时经常呈一条狭窄的带状，对应着地面上有一条风向急转带，在这条带上天气现象类似孤立的局部雷雨，但要比局部雷雨严重得多，有时候伴随着冰雹。很久以来，人们把这条带称为“飑(biāo)线”。

飑线的水平范围很小，长度从几千米到几百千米，宽度由小于 1 千米到几千米。垂直范围一般也就 3 千米。在飑线后部有雷雨高压，把与飑线相联系的从地面到高空的天气现象和天气系统，统称为飑线系统。飑线虽然属于中尺度天气系统，但其形成和发展与一定的大尺度天气形势有关。飑线多出现在高空槽后和冷涡的南或西南方；有时出现在高空槽前，副热带高压西北边缘的低空西南暖湿气流里；少数飑线产生于台风前部的倒槽或东风波里。从相应的地面形势看，大部分飑线的形成与冷锋有关，但是它带来的天气现象比冷锋要激烈得多。冷锋过境时一般引起的是大风，而飑线过境时有强烈的大风和冰雹。飑线的移动速度大于冷锋，

有的可比冷锋快 2~3 倍。由于在同一气团中，降温后又会回到原来的温度，飑线过程时间短，一般不会超过一天。

沙尘暴

“沙暴”和“尘暴”的总称，通称“风沙”。风挟带大量尘沙、干土而使空气浑浊、天色昏黄的天气现象。主要由大风卷扬地面尘沙所致。强干冷锋在疏松沙尘地面过境时，往往出现强烈沙尘暴的推移。使土壤变得贫瘠，农作物及各种设施遭到掩埋和损害，污染环境，对人、动植物造成危害。中国是沙尘暴灾害严重的国家之一。常见于中国西北部地区的春季。出现沙尘暴时，水平能见度小于 1 000 米。防治措施主要为扩大植被、建立防护林体系等。

冻雨

在冬天，地面气温在 0℃以下时，有时会看到雨滴落在树枝、电缆上，使这些物体蒙上一层晶莹的冰层。这种水滴是一种温度低于 0℃还未凝固的“过冷水滴”。这种呈过冷状态的水滴降下来的雨，气象上称为“过冷却雨”，它一接触到物体马上就会发生冻结，所以称为“冻雨”。冻雨的冻结温度非常低。冻雨是一种灾害性天气，因为冻雨接触到物体后，会立刻凝聚成冰层，冰层越聚集越大，这种凝状物叫“雨凇”。雨凇凝附在电线上，1 米长的电线会受到几千克重的压力，两根电杆相距 25 米的电线就有 100 多千克的额外负担，加上风吹引起的震荡，会使电线压断、电杆倒折，造成通信中断。雨凇凝附在树木或高秆作物上，也会使主秆压倒或冻坏。

火山喷发

全世界有 500 多座活火山，约占世界火山的 3/5，其中大约有 70 座是海底火山，大都分布在太平洋地区。火山喷发是岩浆等喷出物在短时间内从火山口向地表的释放，是地壳运动的一种表现形式，也是地球内部热能在地表的一种最强烈的显示。

火山喷发出的岩浆中含大量挥发成分，加之上覆岩层的围压，使这些挥发成分溶解在岩浆中无法溢出，当岩浆上升靠近地表时，压力减小，挥发成分被急剧释放，碎屑从地壳中喷发出来。火山喷发物有火山气体、熔岩和火山碎屑。喷发柱的形成又分为三个区，即气冲区、对流区和扩散区。火山喷发类型按岩浆的通道分为裂隙式喷发（又称冰岛型火山喷发）和中心式喷发。中心式喷发又分为：宁静式喷发、爆烈式喷发和中间式喷发。火山爆发喷出的大量火山灰和暴雨结合形成的泥石流能冲毁道路、桥梁，淹没附近的乡村和城市，使得无数人无家可归。泥土、岩石碎屑形成的泥浆像洪水一样淹没整座城市。许多古城遗迹就被埋在火山喷发的岩石灰之下。

七大洲

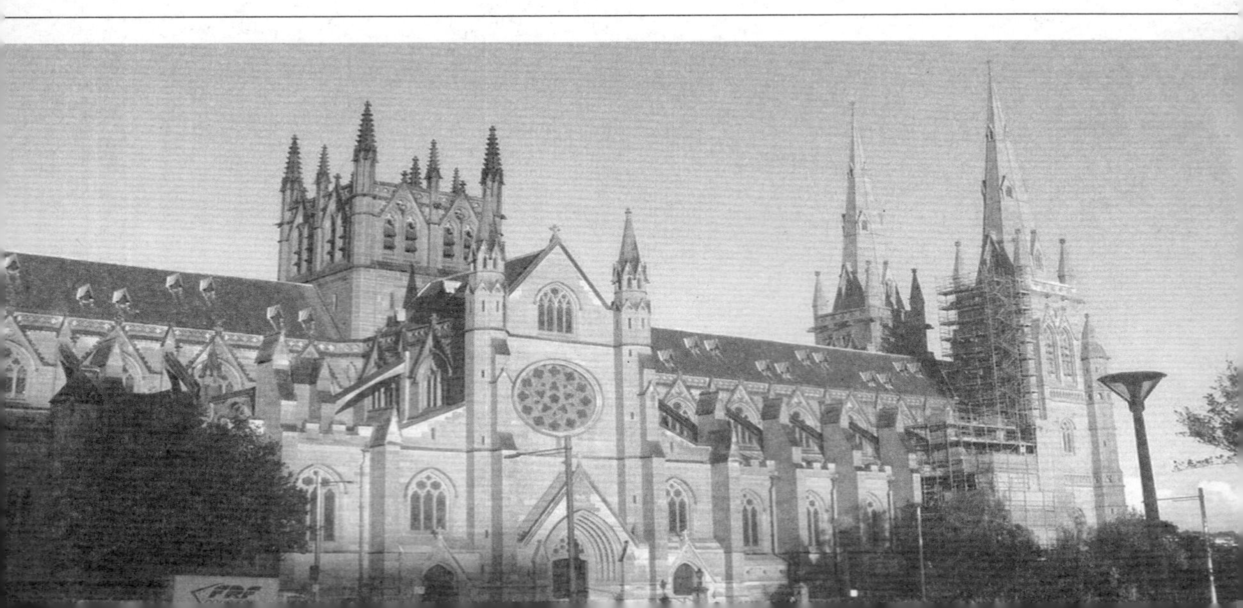

亚洲

亚洲的全称是“亚细亚洲”，意思是“太阳升起的地方”。它位于东半球的东北部，东临太平洋，南临印度洋，北濒北冰洋，西靠大西洋的属海地中海和黑海，是世界上最大的洲。亚洲面积约 4 400 万平方千米（包括附近岛屿），约占世界陆地总面积的 29.4%。

亚洲有 40 多个国家和地区，分为东亚、东南亚、南亚、西亚、中亚和北亚。亚洲人口众多，黄种人是亚洲数量最多的人种，占全洲人口的 3/5 以上，其次是白种人，有很少的黑种人。亚洲还是佛教、伊斯兰教和基督教三大宗教的发源地。亚洲地跨寒、温、热 3 个气候带，气候类型复杂多样，主要特征是季风气候显著，影响范围广，温带大陆性气候分布广。亚洲自然资源和矿产种类繁多，有丰富的石油、铁、锡，储量都居各洲首位；森林总面积约占世界可开发森林总面积的 13%；可开发水力资源年可发电量达 26 000 亿千瓦时，占世界可开发水力资源量的 27%；沿海渔场面积约占世界沿海渔场总面积的40%。

非洲

非洲的全称是“阿非利加洲”。希腊语“阿非利加”是阳光灼热的意思。因为赤道横穿非洲的中部，非洲大部分土地受到太阳的垂直照射，年平均气温为 20℃以上，热带占全洲的 95%，有些地区终年炎热。非洲位于东半球的西南部，地跨赤道南北，东濒印度洋，西临大西洋，东北以红海和苏伊士运河为界与亚洲相邻，北隔地中海和直布罗陀海峡与欧洲相望，西北部的部分地区伸入西半球。

非洲占地面积约 3 020 万平方千米（包括附近岛屿），约占世界陆地总面积的 20%，仅次于亚洲，是世界第二大洲。非洲人口众多，其中大部分居民是黑种人，约占总人口的 2/3，其余为白种人和黄种人。非洲目前有 50 多个国家和地区，分为北非、东非、西非、中非、南非 5 个地区。非洲黄金、金刚石、铁、锰、磷灰石、铝土矿、铜、铀、锡、石油等的产量都在世界上占有重要地位。非洲的尼罗河全长约 6 670 千米，是世界最长的河流。

欧洲

欧洲的全称是“欧罗巴洲”。“欧罗巴”意思是“日落的地方”或“西方的土地”。欧洲西临大西洋，北靠北冰洋，南隔地中海和直布罗陀海峡与非洲大陆相望，东与亚洲大陆连成一块，占地面积为 1 016 万平方千米。

欧洲共有 44 个国家和地区，其中西欧大部分是发达国家，是世界上平均生活水平最高的大洲。整个欧洲地势的平均高度为 340 米，以平原为主，南部耸立着一系列山脉，即有名的阿尔卑斯山系，海拔 4 810 米的勃朗峰是西欧第一高峰。欧洲的河网稠密，水量丰沛。欧洲最长的河流是伏尔加河，长 3 530 千米，其次是多瑙河，全长 2 850 千米，是世界上流经国家最多的河。欧洲多岛屿和半岛，海岸线长 3.8 万千米，是世界上海岸线最曲折的大洲。欧洲是地球上人口密度最大的一个洲。欧洲99%的居民都是白种人，他们多信奉基督教，还有少数伊斯兰教徒。欧洲分为南欧、西欧、中欧、北欧和东欧 5 个地区。欧洲的矿产资源以煤、石油、铁等为主。

北美洲

北美洲的全称是“北亚美利加洲”，位于西半球北部，东濒大西洋，西临太平洋，北濒北冰洋，南以巴拿马运河为界与南美洲相分。北美洲占地面积 2 422.8 万平方千米（包括附近岛屿），约占世界陆地总面积的 16.2%，是世界第三大洲。

北美洲人口较多。大部分居民是欧洲移民的后裔，其中以盎格鲁-撒克逊人最多，其次是印第安人。北美洲通用英语、西班牙语，其次是法语、荷兰语、印地安语等。居民主要信奉基督教和天主教。全洲人口分布很不均衡，大部分分布在东南部地区，其中以纽约附近和伊利湖周围人口密度最大，每平方千米在 200 人以上；而面积广大的北部地区和美国西部内陆地区人口稀少，每平方千米不到 1 人。北美洲有 23 个独立国家和十几个地区。北美洲分为东部地区、中部地区、西部地区、阿拉斯加、加拿大北极群岛、格陵兰岛、墨西哥、中美洲和西印度群岛9 个地区。1776 年美国独立，19 世纪许多国家相继独立。北美洲有世界上最大的淡水湖群——五大湖。格陵兰岛为世界最

大岛。北美洲大部分属于温带和亚热带气候。北美洲主要矿产资源是石油、天然气、煤、铁、铜、镍、铀、铅、锌等。森林面积约占全洲面积的30%，约占世界森林总面积的18%。

南美洲

南美洲的全称是“南亚美利加洲”。它位于西半球的南部，东濒大西洋，西临太平洋，北濒加勒比海，南隔德雷克海峡与南极洲相望。一般以巴拿马运河为界与北美洲分开。

南美洲占地面积1797万平方千米（包括岛屿）。人口分布不平衡，西北部和东部沿海一带人口稠密，集中在少数大城市。广大的亚马孙平原是世界人口密度最小的地区之一，每平方千米不到1人。南美洲主要为印欧混血种人、白种人、印第安人、黑种人。印第安人使用印第安语，巴西的官方语言为葡萄牙语，法属圭亚那官方语言为法语，圭亚那官方语言为英语，苏里南官方语言为荷兰语，其他国家均以西班牙语为官方语言。南美洲大部分地区属热带雨林和热带草原气候，气候特点是温暖湿润，以热带为主，大陆性不显著。南美洲包括12个国家（哥伦比亚、委内瑞拉、圭亚那、苏里南、厄瓜多尔、秘鲁、巴西、玻利维亚、智利、巴拉圭、乌拉圭、阿根廷）和法属圭亚那等地区。南美洲矿产资源储量丰富：委内瑞拉的石油储量、巴西的铁矿储量居世界前列；天然气主要分布在委内瑞拉和阿根廷；煤主要分布在哥伦比亚和巴西；铝土矿主要分布在苏里南；智利的铜储量居世界第二位，秘鲁居第四位；铋、锑、银、硝石、铍和硫磺储量均居各洲前列；锡、锰、汞、铂、锂、铀、钒、锆、钍、金刚石等矿产资源也很丰富；哥伦比亚绿宝石的储量是世界最多的。

大洋洲

大洋洲介于亚洲、南北美洲和南极洲之间，西邻印度洋，东临太平洋。大洋洲占地总面积约897万平方千米（包括群岛），约为地球陆地总面积的6%，是世界上最小的一个洲。

大洋洲有16个独立国家，其余十几个地区尚在美、英、法等国的管辖之下。大洋洲划分为澳大利亚、新西兰、新几内亚、美拉尼西亚、密克罗尼西亚和波利尼西亚6

个地区。大洋洲人口较少，绝大部分居民使用英语。除南极洲外，大洋洲是世界上人口最少的一个洲。大洋洲大部分地区处在南、北回归线之间，绝大部分地区属热带和亚热带，除澳大利亚的内陆地区属大陆性气候外，其余地区均属海洋性气候。大洋洲多火山，夏威夷岛的冒纳罗亚火山是大洋洲最高的活火山。大洋洲矿产资源以镍、铝土矿、金、铬、磷酸盐、铁、银、铅、锌、煤、石油、天然气、铀、钛和鸟粪石等较为丰富。其中，镍储量约 4 600 万吨，居各洲前列；铝土矿储量 46.2 亿吨，居各洲第二位。

南极洲

南极洲，也叫“第七大陆”，是人类最后到达的大陆。它位于地球的最南端，由围绕南极的大陆、陆缘冰和岛屿组成，四周濒临太平洋、印度洋和大西洋，平均海拔 2 350 米，内陆高原达 3 700 米，是世界上地理纬度最高的洲，也是跨经度最多的一个大洲。

南极洲占地总面积约 1 405 万平方千米，约占世界陆地总面积的 9.4%，是世界第五大洲。南极洲分东南极洲和西南极洲两部分。东南极洲从西经 30° 向东延伸到东经 170°，面积 1 018 万平方千米。西南极洲位于西经 50°~160°，面积 229 万平方千米。南极洲无定居居民，仅有一些来自其他大陆的科学考察人员和捕鲸队。南极洲的气候特点是异常寒冷、风大和干燥。全洲年平均气温为-25℃，内陆高原平均气温为-56℃，极端最低气温曾达-89.8℃，南极洲几乎没有任何草木，是世界最冷的陆地。这里仅有的生物就是一些简单的植物和一两种昆虫，但是附近海洋里却充满了生机。南极洲蕴藏的矿产资源有 220 余种，主要有煤、石油、天然气、铂、铁、锰、铜、镍、钴、铬、铅、锡、锌、金、银、石墨、金刚石等。

四大洋

四大洋的形成

关于四大洋的形成，有多种说法，目前最具有说服力的是板块构造学说。板块构造是从大陆漂移说、地幔对流说和海底扩张说基础上发展起来的关于全球构造运动的最新学说。

几亿年以前，全球大陆是连在一起的。后来，由于地球自转赤道与两极的离心力差，漂浮在地幔之上的大陆地壳发生了不等速的漂移，从而分裂成了几块，逐渐形成了现在全球大陆和大洋的分布状况，即6大板块：太平洋板块、亚欧板块、非洲板块、印度洋板块、美洲板块、南极洲板块。这些板块的运动形成了我们今天所见的四大洋，即太平洋、印度洋、大西洋、北冰洋。

四大洋的特点

地球上的四大洋有着各自的特点。

太平洋：是四大洋中最大、最深和岛屿、珊瑚礁最多的海洋，约有岛屿10 000个，总面积占世界岛屿总面积的50%。太平洋地形可以分为中部深水区域、边缘浅水区域和大陆架三部分。大多数活火山和地震都集中在太平洋地区，有“太平洋火圈”之称。太平洋海洋资源丰富，海洋渔获量占世界的一半。太平洋矿产资源包括石油、天然气、煤等。

印度洋：岛屿众多，大部分是大陆岛。印度洋海水较深，有海沟，地形复杂。位于热带，气温普遍偏高。动植物种类繁多。海底石油资源最为丰富，世界石油最大的产区波斯湾就在这里。

大西洋：是世界第二大洋，有许多重要的属海和海湾，例如加勒比海、墨西哥湾。大西洋的海底大陆棚面积广大。大西洋岛屿与群岛众多，有大不列颠岛、爱尔兰岛等。海洋资源丰富，海底富含石油和天然气。

北冰洋：被陆地包围，近于半封闭，海岸线曲折，有较宽的大陆架。北冰洋大陆棚发育较多，最宽达1 200千米以上。北冰洋气候寒冷，洋面大部分常年冰冻。在北极附近常可见极光。北冰洋大陆架有丰富的石油和天然气。

太平洋

太平洋是世界上最大的海洋，南起南极地区，北到北极地区，西至亚洲和大洋洲，东接南、北美洲。太平洋面积 17 967.9 万平方千米，约占世界海洋总面积的 50%。

太平洋可分为中部深水区域、边缘浅水区域和大陆架 3 大部分。水深不足 200 米的大陆架面积约 938 万平方千米，主要分布在太平洋西部及北部。西部大陆架最宽 750 千米，黄海几乎全在大陆架上。太平洋地处热带和副热带地区，它的气候分布、地区差异主要是由于水面洋流及邻近大陆上空的大气环流影响而产生的，多为热带和副热带气候。太平洋主要海盆有 4 个，西部岛弧外侧有 5 条超过 1 万米的海沟。全洋平均水温 4.7℃，平均盐度 34.58‰，是火山活动最频繁的地区。南北海域分成两大环流，两大环流之间为赤道逆流。太平洋在国际航运中占有重要的地位。太平洋大陆架蕴含着丰富的石油和天然气，海底砂锡矿、金红石、钛、铁等储量也很丰富。

印度洋

印度洋位于亚洲、非洲、南极洲和大洋洲大陆之间，面积7 492万平方千米，约占世界海洋总面积的21%，是世界第三大洋。它平均深度 3 711 米，仅次于太平洋，居第二位。印度洋最深处在爪哇海沟，水深 7729 米。

印度洋大部分位于热带、亚热带范围内，比同纬度的太平洋和大西洋的气温高，故被称为“热带海洋”。印度洋气候具有明显的热带海洋性和季风性特征。洋底中部有呈“入”字形的中央海岭，高出洋底 1 000~2 000 米，大陆架面积小，印度洋主要岛屿为马达加斯加岛。主要海盆有中印度洋海盆、西澳海盆等。印度洋的自然资源相当丰富，矿产资源以石油和天然气为主，主要分布在波斯湾，印度洋的油气年产量约为世界海洋油气总产量的 40%。印度洋具有重要的海运地位。

大西洋

大西洋面积9336.3万平方千米，是世界第二大洋。它位于欧洲、非洲、美洲和南极洲之间，平均深度3597米，最深处为9218米。大西洋距今只有1亿年，是最年轻的大洋。

大西洋南北延伸，赤道横贯其中部，其明显的气候特征是南北对称和气候带齐全，同时受洋流、大气环流、海陆轮廓等因素影响，各海区间气候又有差别。大西洋平均盐度为34.87‰。大西洋岛屿众多，总面积达100多万平方千米，一类是大陆岛，例如大不列颠岛、爱尔兰岛、纽芬兰岛等；一类是火山岛，例如亚速尔群岛。大西洋生物资源丰富，最主要的是鱼类，其捕获量约占大西洋中海洋生物捕获量的90%，渔获量居世界第二位。大西洋主要矿产资源有石油、天然气、煤、铁、重砂矿和锰结核等。大西洋两岸边缘的海盆构成两个油气带，即东大西洋带和西大西洋带。另外，大西洋航运居世界四大洋之首，以北大西洋最为繁忙，世界商船的1/3都在这条航线上航行。

北冰洋

北冰洋面积1475万平方千米，是世界四大洋中面积最小的大洋，约占世界海洋总面积的4%。北冰洋位于亚洲、欧洲和北美洲之间，平均深度约1225米，也是四大洋中最浅的一个。北冰洋最深处达5527米。

北冰洋气候寒冷，常年千里冰封，气候恶劣。在北极点附近，几乎每年从10月到来年3月这6个月是极夜，高空会出现光彩夺目的极光，一般呈带状、弧状、幕状或放射状。4—9月这半年是极昼。北冰洋有丰富的石油和天然气，还有煤及有色金属。北冰洋海洋生物相当丰富，靠近陆地处数量最多，邻近大西洋边缘地区有范围辽阔的渔区和繁茂的绿藻。北冰洋地区海洋里有白熊、海象、海豹，苔原中多北极狐、雪兔等。

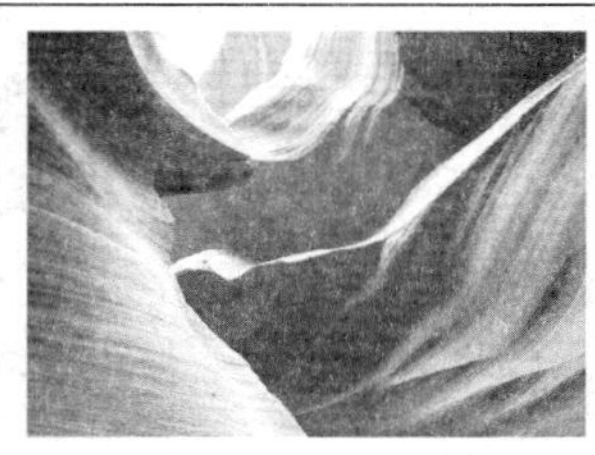

著名江河

鄂毕河

鄂毕河位于西伯利亚西部，是俄罗斯第三大河，仅次于叶尼塞河和勒拿河，也是世界著名长河。其自身长度为 3 650 千米，流域面积达到了 299 万平方千米。

鄂毕河流域的可航行河段总长度将近 15 000 千米，额尔齐斯河是鄂毕河最大支流，发源于中国新疆的阿尔泰山南坡，中国境内河长 63 千米，流域面积 5.73 万平方千米。鄂毕河流域的气候属于典型的大陆性气候，冬季寒冷漫长，1 月的平均气温低于-20℃；夏季较温暖，南部 7 月平均气温 22℃，在北部，由于太阳辐射的减少，7 月的平均气温只有 9℃~10℃。鄂毕河蕴藏着巨大的水力资源，达 2 500 亿千瓦时，已开发利用的水能资源不超过 10%，建有新西伯利亚水电站、布赫塔尔玛水电站和乌斯季卡缅诺戈尔斯克水电站等。

第聂伯河

第聂伯河流经乌克兰的首都基辅，发源于俄罗斯瓦尔代丘陵南部混交林地带的沼泽地，最后在赫尔松西南 30 千米处注入黑海。

第聂伯河全长 2 201 千米，流域面积达 50.4 万平方千米，全流域有 300 多个水域观测站。从源头至乌克兰的基辅为第聂伯河的上游，长约 333 千米；从基辅至扎波罗热为中游，长 621 千米；从扎波罗热至河口为下游，长 331 千米。河水结冰期上游在 12 月，下游在 4 月初；解冻区上游在 4 月初，下游在 3 月初。第聂伯河流域属于大陆性气候，温暖湿润，降水量由北向南递减。第聂伯河也是重要的水上交通要道，乌克兰通过它使黑海地区和波罗的海地区建立了联系。

顿河

顿河发源于俄罗斯丘陵东坡，经俄罗斯平原南半部，注入亚速海的塔甘罗格湾，是俄罗斯在欧洲部分的第三大河。

顿河全长 1 870 千米，流域面积为 42.2 万平方千米，年均径流总量约 255 亿立方米。河的上游是从源头起到索斯纳河口止；中游从索斯纳河口起至伊洛夫利亚河汇流处止；大坝以下至河口段为下游，河床比降很小，水流缓慢，河谷宽 20~30 千米，水深 20 米。顿河通航里程 1 604 千米。霍皮奥尔河和北顿涅茨河是顿河最大的支流。霍皮奥尔河发源于伏尔加丘陵西坡。河长1 008 千米，流域面积 6.112万平方千米；北顿涅茨河是顿河右岸的最大支流，在罗斯托夫城上游 150 千米处注入顿河，河长 1 076 千米，流域面积 9.866 万平方千米。顿河地区的气候东暖夏凉，1 月份的平均气温在-15℃左右，7 月份的平均气温在 25℃左右。顿河水力资源丰富，1949—1952 年建成了伏尔加—顿河通航运河和齐姆良斯克水利枢纽。

莱茵河

莱茵河发源于瑞士东南部的阿尔卑斯山北麓，流经瑞士、德国、法国、荷兰等国，在荷兰鹿特丹附近注入北海，是欧洲西部第一大河，是德国最长的河流，被德国人称为“命运之河”。

莱茵河全长 1 320 千米，通航里程将近 900 千米，其中大约 700 千米可以行驶万吨海轮。莱茵河水量巨大，支流众多，其主要支流有阿勒河、伊尔河、摩泽尔河、内长河、美茵河、兰河、鲁尔河等，总流域面积 22.4 万平方千米。莱茵河在德国境内有 867 千米，流域面积占德国总面积的 40%，是德国的摇篮。莱茵河沿途风景最美的一段在中游的莱茵河谷段，从德国的美因茨到科布伦茨。莱茵河流经德国最重要的工业区，沿途有许多重要城市和工业区，德国的现代化工业区鲁尔就在它的支流鲁尔河和利珀河之间。所以自古莱茵河就是欧洲交通最繁忙的水上通道，航运十分方便，被称为“黄金水道”。沿河港口密布，主要港口有巴塞尔、斯特拉斯堡、美因茨等。莱茵河还通过一系列运河与其他大河连接，构成一个四通八达的水运网。

多瑙河

多瑙河发源于德国西南部黑林山东麓，干流向东流经奥地利、斯洛伐克、匈牙利、塞尔维亚、保加利亚、罗马尼亚和乌克兰等，在罗马尼亚的苏利纳附近注入黑海，是世界上流经国家最多的河流。多瑙河是一条著名的国际河流，是欧洲的第二长河，常被人们赞美为“蓝色多瑙河”。

多瑙河全长 2 850 千米，流域面积约 80 万平方千米，年平均入海水量约 203 立方千米。河网密布，支流众多，普鲁特河、瓦赫河、奥尔特河都是多瑙河的主要支流。多瑙河的上游长 966 千米，是从河源到西喀尔巴阡山脉和奥地利阿尔卑斯山脉之间的峡谷，它的源头是名叫布列盖河与布里加哈河的两条小河。上游流经的地区河道狭窄，河谷幽深，水中多急流险滩，河水主要依靠山地冰雪融水补给；中游长约 900 千米，是从匈牙利门到铁门峡，流速缓慢，泥沙沉积；铁门峡以下为下游，左岸是瓦拉几亚平原，右岸是多瑙河平原，河谷宽阔，水流平稳，接近河口宽度扩展到 15~20 千米，有的地段可以达到 28 千米以上。多瑙河挟带大量泥沙到图尔恰城附近分成三条支流，冲积形成了一个面积 4 300 平方千米的扇形河口三角洲。多瑙河航运发达，水力资源丰富，有著名的铁门水电站。

伏尔加河

伏尔加河发源于俄罗斯西北部，是欧洲第一长河，也是世界上最大的内流河，还是俄罗斯最重要的内河航道，享有“俄罗斯的母亲河”之称。

伏尔加河自北向南流经俄罗斯平原的中部，注入里海，全长3 530 千米，流域面积 136 万平方千米。河流比降较小，流速缓慢，河道弯曲。上游流经冰河区，联结一系列小湖，河岸发育差。伏尔加格勒以下为下游，分出一条汊河——阿赫图巴河，与干流近于平行流到河口地区，然后分成多条汊河注入里海。伏尔加河每年供应里海的水量几乎等于亚速海的水量，减缓了里海变小的速度。伏尔加河的河水补给来源主要是雪水，其次是地下水和雨水。奥卡河是伏尔加河右岸最大和水量最多的支流，发源于中俄罗斯丘陵，地处奥廖尔以南，在下诺夫哥罗德城附近注入伏尔加河。沿河有多座水利枢纽工程，包括雷宾斯克、高尔基、切博克萨雷、古比雪夫、萨拉托夫、伏尔加格勒附近的水库和 10 多个水电站。

赞比西河

赞比西河发源于安哥拉中东部和赞比亚西北部高地，是非洲南部最大的一条河流，也是非洲流入印度洋各条河流中最大的一条河。赞比西河全长 2 700 米，流域面积为136.9 万平方千米，河网密集，支流众多，主要支流有宽多河、卡富埃河、卢安瓜河等。河水水量丰富，河口年平均径流量为 1.6 万米^3/秒，在非洲居第二位，此河蕴含水力资源 1.37 亿千瓦，占非洲的 12%左右。河的上游流速缓慢，河水至赞比亚与津巴布韦交界处，突然跌入一个千丈峡谷，形成了著名的维多利亚大瀑布，它是此河中游的起点。下游在莫桑比克境内，长 600 多千米，大部分从平原上流过，入海处形成巨大的河口三角洲。赞比西河处于热带草原气候区，河流有明显的洪水期和枯水期。

尼罗河

尼罗河发源于赤道南部东非高原上的布隆迪高地，自南向北流经布隆迪、卢旺达、坦桑尼亚、乌干达、南苏丹、苏丹和埃及等国，最后在开罗注入地中海，是世界第一长河。

尼罗河全长 6 671 千米，流域面积约 287.5 万平方千米。尼罗河是由卡盖拉河、白尼罗河、青尼罗河 3 条河流汇合而成。干流自卡盖拉河源头至入海口，尼罗河下游谷地和三角洲则是人类文明的最早发源地之一，三角洲平原上地势平坦，是现代埃及的文化中心。南苏丹的尼穆莱以上为上游河段，长 1 730 千米，自上而下分别称为卡盖拉河、维多利亚尼罗河和艾伯特尼罗河。从尼穆莱至喀土穆为尼罗河中游，长1 930 千米，称为白尼罗河，最大的支流青尼罗河在喀土穆下游汇入。青尼罗河发源于埃塞俄比亚高原上海拔 1 830 米的塔纳湖，高原多雨湿润，水量比较大，河口处流量为 1 640 米^3/秒，而白尼罗河只有 845 米^3/秒，是青尼罗河的一半。白尼罗河和青尼罗河汇合后称为尼罗河，属下游河段，长约3 000 千米。尼罗河干流流经的地区多为沙漠地区，这里日照充足，是世界著名的长绒棉产地。河口附近形成了巨大的尼罗河三角洲，土地肥沃，埃及的人口主要集中在这里。

刚果河

刚果河又称“扎伊尔河”，位于中西非。干流流贯刚果盆地，注入大西洋。刚果河长度仅次于尼罗河，是非洲第二长河。1482 年，葡萄牙航海家迪奥戈•卡奥率领探险队沿非洲西海岸航行时第一次发现了这条河以及河口附近的刚果王国，此河因此得名。

刚果河全长 4 640 千米，流域面积约 376 万平方千米，流量最大为 8 万米^3/秒。刚果河的上游位于赞比亚境内东非大裂谷的高地山区，乌班吉河是刚果河右岸最大支流，是刚果民主共和国、中非共和国和刚果共和国的边界河流，由姆博穆河与韦莱河汇流而成。马伊恩东贝湖是流域内的大湖泊。刚果河上游河段年平均降水量约 1 300 毫米，年平均径流深约 200 毫米，水比较少。中游地区气候湿润，年平均降水量 1 500~2 000 毫米，年平均径流深约 500 毫米，盆地中心年平均径流深可达 1 000 毫米，是全流域的多水区。刚果河水力资源丰富，其水能资源主要集中在上游及下游，蕴藏量达 1.32 亿千瓦。英加大型水利枢纽是主要水利工程。

长江

长江发源于中国的青藏高原唐古拉山脉主峰各拉丹冬雪山的西南侧，源头冰川末端海拔 5 400 多米。干流流经青海、西藏、四川、云南、重庆、湖北、湖南、江西、安徽、江苏、上海等 11 个省、市、自治区，在崇明岛以东注入东海。长江是中国第一大长河，也是世界第三长河。

长江全长 6 300 千米，流域面积达 178.3 万平方千米。长江流域大部分处于亚热带季风气候区，温暖湿润，多年平均降水量 1 100 毫米，多年平均入海水量近 1 万亿立方米，占中国河川径流总量的 36%左右，水量居世界第三位，仅次于亚马孙河和刚果河，相当于黄河水量的 20 倍。长江水系发达，支流众多。流域面积 1 万平方千米以上的支流有 40 余条，嘉陵江、汉江、岷江、雅砻江 4 大支流的流域面积均在 10 万平方千米以上。长江中下游是中国淡水湖分布最集中的地区，主要有鄱阳湖、洞庭湖、太湖、巢湖等。长江在航运上具有重要的作用，是得天独厚的“黄金水道”。此外，南水北调工程和运河

扩建工程使长江发挥了更大的作用。长江入海口地区冲积形成了长江三角洲，呈扇形，面积 5 万多平方千米。这里雨量充沛、气候温和湿润、土壤肥沃、交通便利，物产极其丰富，盛产鱼虾，有“鱼米之乡”的美誉。这里是中国工农业生产基地最大、最富庶的三角洲，被称为“黄金三角洲”。

黄河

黄河发源于青海省巴颜喀拉山，流经青海、四川、甘肃、宁夏、内蒙古、陕西、山西、河南、山东 9 个省、自治区，在利津注入渤海，是中国第二大河，是中华民族的摇篮，被称为“中国的母亲河”。

黄河全长 5 464 千米，流域面积约 75 万平方千米。黄河河道通常以河口镇和桃花峪为界，划分为上、中、下游 3 段。上游龙羊峡以上为河源段，巴颜喀拉山脉雅拉达泽山麓的涌泉是黄河之源；龙羊峡—青铜峡间为峡谷段，包括龙羊峡、积石峡、刘家峡、青铜峡等 20 多个峡谷；青铜峡—河口镇为冲积平原段，在著名的银川平原和河套平原上，黄河过境此间，也称“客籍河”。中游段，河口镇—禹门口为晋陕峡谷段，著名的壶口瀑布便是在此段“咆哮万里触龙门”；禹门口—风陵渡为汾渭平原段，黄河在此接纳了它的重要支流，例如汾河、洛河、泾河、渭河等，从这一段开始，黄河挟带了大量的泥沙；晋豫峡谷段有著名的三门峡。下游段在华北大平原上，河床比较宽，水流缓慢，泥沙淤积旺盛，河床高出两岸地面 4~5 米，成了举世闻名的“地上河”，约束干流的黄河大堤是黄河和淮河流域的分水岭。

密西西比河

密西西比河发源于美国西部偏北的落基山北段的群山峻岭之中，向南注入墨西哥湾。它是北美洲最长的河流，是世界第四大河，有“老人河”之称。

密西西比河全长 6 262 千米，密苏里河是它的最大支流，上游包括整个密苏里河流域和密西西比河本身的上游流域。被称为“向西进发的门户”的圣路易斯和印第安纳波利斯，就坐落在密西西比河中游河畔，开罗以下为下游部分。下游河段比较平坦，气候温和，雨量充沛，属于亚热带湿润地区。泥沙在河口堆积，形成了面积为 2.6 万平方千米的三角洲。密西西比河有近 50 条支流可以通航，干支流通航里程可达 2.59 万千米，是美国内河的交通大动脉。它有四通八达的现代化水运网，圣路易斯、孟菲斯、新奥尔良是其主要港口。密西西比河水力资源丰富，水能蕴藏量高达 2 630 万千瓦，主要分布在俄亥俄河及其支流，开发程度比较高，有巨大的田纳西河水利工程。

圣劳伦斯河

圣劳伦斯河以卡伯特海峡为河口，注入大西洋的圣劳伦斯湾，是北美洲东部的大河。

圣劳伦斯河全长 1 287 千米，流域面积约 30 万平方千米，美国和加拿大两国约各占一半，主要支流有渥太华河、里歇柳河、萨吉纳河等。圣劳伦斯河水道系统可分为三大段：从安大略湖口至蒙特利尔为上游，长约 300 千米，前 2/3 河段构成加拿大、美国两国的边界。因河床基岩突露，形成许多小岛，在湖口以下 64 千米内计有 1 700 余个，称为千岛河段。魁北克以下为下游，长 700 多千米，接纳萨格奈河等支流，河面展宽，水深增至 10~30 米，流速更缓。圣劳伦斯河水力资源丰富，建有河坝和水闸。圣劳伦斯河水产丰富，有鲟鱼、鲈鱼、鳟鱼、青鱼、沙尖鱼等。

哥伦比亚河

哥伦比亚河发源于加拿大落基山脉西坡的哥伦比亚湖，向西南流经美国西北部，在阿斯托里亚注入太平洋。1792 年波士顿商人罗伯特·格雷来此探险，他所乘的船名为“哥伦比亚”，于是这条河就以此命名。

哥伦比亚河长 2 000 千米，流域面积 66.8 万平方千米。河水主要靠融雪补给为主，部分靠冬季降水。河流水量大，河口年平均流量 7 500 米^3/秒，水位季节变化小。河流大部分流经深谷，河床比降大，多急流瀑布，总落差达 820 米，水力资源储量大，是世界水力资源最丰富的河流之一。干支流建有许多水坝，用于灌溉和发电。其中大古力水电站是美国规模较大的水电站。河流泥沙含量小，是流域内重要的工农业水源。河流下游盛产鲑鱼。

俄亥俄河

俄亥俄河位于美国中东部，发源于阿巴拉契亚山地，流向西南，在伊利诺伊州的开罗附近，注入密西西比河，是密西西比河最大的支流。

俄亥俄河全长 2 108 千米，流域面积 52.8 万平方千米。其主要支流有卡诺瓦河、肯塔基河、沃巴什河、坎伯兰河和田纳西河。流域内降水丰富，年降水量 1 000 毫米，主要是雨水补给，水量丰富，占据了密西西比河 56%的水量，河口年平均流量达 7 952 米^3/秒。俄亥俄河一直是美国中东部重要的水运航道，干支流水力资源丰富，通航里程约 4 000 千米，全年皆可通航，并有运河与伊利湖相通，主要输送煤、砂石、石油等。

育空河

育空河发源于加拿大境内的落基山脉西麓，西距太平洋 24 千米，流经育空地区中南部和美国阿拉斯加州中部，在高原西部注入白令海。育空河是北美第三长河，被称为北美的“母亲河”，孕育着北美的文明。

育空河全长 3 185 千米，流域面积 85.4 万平方千米。其中 1 149 千米河段在加拿大，占总流域面积的 1/3，是河流的上游地区，峡谷幽深；中游河谷宽阔，蜿蜒曲折，干流最宽 64 千米，有大片湿地；下游与科尤库克河的下游共同形成一面积广大的河口三角洲，地势低平。7—8 月为洪水期，河水主要由冰雪补给。此河因 1896 年在其支流克朗代克河发现金矿而闻名于世。育空河地区气候寒冷，一年有 9 个月封冻，大大降低了航运价值。其渔业资源丰富，森林资源、金矿、银矿较为丰富。

亚马孙河

亚马孙河位于南美洲北部，发源于秘鲁境内安第斯山脉科迪勒拉山系的东坡，是南美洲第一大河，也是世界上流域面积和流量最大的河流。

亚马孙河长 6 480 千米，仅次于尼罗河，为世界第二长河。它有两支河源：一支为马拉尼翁河，发源于秘鲁境内安第斯山高山区；另一支为乌卡亚利河，源头是阿普里马克河。亚马孙河上游约长 2 500 千米，分为上、下两段。上段长约 1 000 千米，落差达 5 000 米；下段为两条巨大支流注入亚马孙河的两个河口之间的河段。亚马孙河中游流经秘鲁、哥伦比亚、巴西，全长约为 2 200 千米。两侧支流众多，都发源于安第斯山东坡；下游长达 1 600 千米，河宽而水深，地势低平，有湖泊。亚马孙河流域内高温多雨，物种丰富，淡水鱼类有 2 000 余种。涌潮是亚马孙河的一个自然奇观，它可以和我国的钱塘江大潮相媲美。在穿越了辽阔的南美洲大陆以后，亚马孙河在巴西马拉若岛附近注入大西洋。

巴拉那河

巴拉那河发源于格兰德河和巴拉那伊巴河交汇处，向西南流，经巴西、巴拉圭和阿根廷，最后注入大西洋，是南美洲仅次于亚马孙河的第二大河。

巴拉那河全长 5 290 千米（从主源流格兰德河起算）。巴拉那河总流域面积280 万平方千米。巴拉那河流经南美洲巴西、巴拉圭、阿根廷，是这几个国家的重要水上航道，全河全年通航里程 2 000 多千米。巴拉那河流域北部为热带气候，夏季多雨，冬季干旱。中、下游地区是亚热带气候，夏季炎热、冬季寒冷。巴拉那河有众多干支流，蕴藏着巨大的水能，建有多个水电站。伊瓜苏河、格兰德河、铁特河是几大支流，其中最大的是伊瓜苏河，蕴藏着巨大的水能，河流上建有多座水电站。

拉普拉塔河

拉普拉塔河位于阿根廷和乌拉圭两国之间，发源于巴拉那河和乌拉圭河，向东南流入大西洋。在西班牙语中拉普拉塔是“银子”的意思，由于上游内地富产银矿，所以此河被称为“拉普拉塔河”。

拉普拉塔河全长 295 千米，河口最宽处为 223 千米，为世界上最宽的河口之一。其河口年平均流量 2.35 万米^3/秒。由于巴拉那河和乌拉圭河水量充沛，富含泥沙，致使拉普拉塔河泥沙堆积，形成了众多浅滩，河床较浅。拉普拉塔河河岸较为曲折，多港湾和岬角，北岸地势高，有布宜诺斯艾利斯、拉普拉塔、罗萨里奥、圣菲等港口。

苏伊士运河

苏伊士运河位于埃及境内尼罗河三角洲和西奈半岛之间狭长的苏伊士地峡上，1869 年建成，是连通欧、亚、非三大洲的主要国际海运航道，在国际航运中具有重要的战略意义。

苏伊士运河长 195 千米，宽 300~365 米，有 23.5 米水深的船位容纳量。它连接红海与地中海，将大西洋、地中海与印度洋连接起来，大大缩短了东西方航程。与绕道非洲好望角相比，通过苏伊士运河从欧洲大西洋沿岸各国到印度洋缩短了 5500~8000 千米；从地中海各国到印度洋缩短了 8 000~10 000 千米；对黑海沿岸来说，则缩短了 12000 千米。由于红海和地中海水位相当，运河没有闸门。从超大型油轮到航空母舰，再到小型货轮，每年各种形状、大小的船只繁忙地穿梭在运河中。苏伊士运河每年承担着全世界 14%的海运贸易，是世界上最繁忙的水道，也是埃及人民的骄傲。

墨累河

墨累河发源于澳大利亚新南威尔士州的东南部，注入印度洋的因康特湾，是澳大利亚最长、最大的河流。

墨累河全长 2 589 千米，流域面积 105.7 万平方千米。河网密布，支流众多，其主要支流有达令河和马兰比吉河。达令河入口以上为墨累河上游，全长 1 750 千米，流域面积 26.7 万平方千米。达令河是墨累河最长的支流，发源于新南威尔士州新英格兰山脉的西麓，穿越新南威尔士州，在文特沃思西南注入墨累河。这里地势平坦，海拔在 200 米以上，属于典型的平原地区。马兰比吉河是墨累河右岸的主要支流，位于新南威尔士州东南部，发源于东部高地山坡的坦坦加拉水库，在奥克斯利市以南约 30 千米处接纳拉克伦河后在罗宾韦尔市附近注入墨累河。墨累河流域主要位于南澳大利亚州以东、大分水岭以西、昆士兰州沃里戈岭以南的地区。墨累河谷是重要的经济区，建有许多水库。

伊洛瓦底江

伊洛瓦底江由北部的恩梅开江和迈立开江汇合而成，向南流经缅甸中部，注入印度洋安达曼海，是缅甸最大的河流，也是缅甸民族发展的摇篮，被称为“天惠之河”。

伊洛瓦底江有东西两支河源，东源叫恩梅开江，发源于中国的察隅县境伯舒拉山南麓；西源迈立开江发源于缅甸北部山区。河流全长2 714 千米，流域面积43.1 万平方千米，约占缅甸全国面积的60%，有一条纵谷，面积占全国面积的1/3。伊洛瓦底江最大的支流钦敦江发源于缅甸克钦邦拉瓦附近，全长880 千米，流域面积11.4 万平方千米。钦敦江和蒙河是其右岸的主要支流。伊洛瓦底江流域大部分属热带季风气候。中部平原和下游三角洲是缅甸重要的工农业区，中游有油田，下游河口三角洲盛产水稻。江畔的蒲甘是有名的“万塔之城”。伊洛瓦底江蕴含着丰富的水力资源，金水达水电站是有名的水电站。

著名湖泊

青湖海

古称“西海”。蒙古语称“库库诺尔”，意为“青色的湖”。在青海省东北部大通山、日月山、青海南山间。为断层陷落湖。面积 4 635 平方千米，湖面海拔 3 193.92 米，最深达 27.0 米，贮水量 742 亿立方米。中国最大的内陆咸水湖。布哈河自西北注入。盛产无鳞湟鱼。湖中小岛以海心山、鸟岛最为著名，鸟岛是数万候鸟的栖息地，是中国鸟类自然保护区。为国家级风景名胜区。湖岸有广大草原，是良好牧场。

贝加尔湖

贝加尔湖位于俄罗斯南部，是世界上最深和蓄水量最大的淡水湖，因贝加尔湖具有得天独厚的条件，俄罗斯专门在这里建立了贝加尔湖自然保护区。

贝加尔湖形状狭长弯曲，长 636 千米，宽平均 48 千米，最宽 79.4 千米，总面积 3.15 万平方千米，平均深度 730 米，最深处为 1 620 米。多年平均蓄水量达 23 万亿立方米，超过了波罗的海的蓄水量，也超过了北美五大湖的总蓄水量，占全球地表淡水总量的 1/5。贝加尔湖湖面波涛汹涌，经常掀翻船只。有记载以来，贝加尔湖的历史就是一部沉船史。在 1908 年 6 月 30 日，在湖西北方 800 千米处发生了通古斯大爆炸，影响了湖附近的森林。贝加尔湖地区阳光充沛，雨量稀少，冬暖夏凉，有 300 多处矿泉，湖中有植物 600 种、水生动物 1 200 种，其中 3/4 为贝加尔湖特有的，从而形成了其独一无二的生物种群，例如各种软体动物、海绵生物以及海豹等珍稀动物。

维多利亚湖

维多利亚湖是非洲的第一大淡水湖，是以英国女王维多利亚命名的，也是世界第二大淡水湖。它位于东非两条大裂谷之间的平地上。

维多利亚湖海拔 1 134 米，南北最长 400 千米，东西最宽 241 千米，面积 6.9 万平方千米，仅次于北美洲苏必利尔湖。维多利亚湖岸线曲折，长7 000多千米，湖中多岛屿群和暗礁，岛屿面积近6 000平方千米，其中乌凯雷韦岛最大，高出湖面200米，岛上人口稠密，长满树木。湖的西南岸有90米高的悬崖，北岸平坦而光秃。常年有卡盖拉河、马拉河等众多河流注入其中，湖水唯一出口是北岸的维多利亚尼罗河，在那里形成里彭瀑布，排水量每秒达600立方米，著名的尼罗河支流白尼罗河就发源于此。维多利亚湖周围森林茂密，有许多野生动物。湖中有鳄鱼和河马，岛上花草繁茂，风光旖旎，是不错的旅游胜地。

休伦湖

休伦湖位于美国密歇根州和加拿大安大略省之间，是第一个被欧洲人发现的湖泊，是北美洲五大湖之一。它由西北向东南延伸，长330千米，最宽295千米，面积约5.96万平方千米，在五大湖中居第二位。湖面海拔177米，平均水深60米，最大深度229米。湖岸线曲折，长2 700千米，湖岸多为沙滩、砾石滩和悬崖绝壁，湖中多岛屿，主要分布在乔治亚湾，世界最大的湖岛——马尼图林岛就在此湖区，面积2 766平方千米。岛上景色优美，环境怡人，是不错的旅游和疗养胜地。湖区矿产资源丰富，有铀、金、银等，为重要工业区。圣克莱尔河东岸多炼油厂和石油化工厂，被称为加拿大的“化工谷”。湖中有鱼，渔业发达。休伦湖是重要的水上交通要道，全年通航期7~8个月。阿尔皮纳、萨尼亚等都是其重要港口。

苏必利尔湖

苏必利尔湖的东北面是加拿大，西南面是美国，为美国和加拿大共有。它是北美五大湖之一，是世界第二大湖，仅次于里海，也是世界面积最大的淡水湖。

湖面东西长563千米，南北最宽处257千米，湖面平均海拔180米，面积8.21万平方千米，平均深度148米，最大深度406米，是五大湖中最深的湖泊。其蓄水量约1.2万立方千米，占五大湖蓄水量的一半以上。湖泊沿岸森林密布，北岸曲折多湖湾，有200多条河流

注入，尼皮贡河和圣路易斯河为最大。湖水通过苏圣玛丽运河流入休伦湖。湖中最大岛为罗亚尔岛，长72 千米，最宽 14 千米，岛上多野生动物，湖的西岸建有美丽的国家公园。湖区气候冬寒夏凉，风力强盛，湖面多波浪，冬季水位较低，夏季较高。湖区水温较低，夏季中部水面温度一般不超过 4℃；冬季湖岸带封冰，全年通航期一般为 6~7 个月。主要港口有加拿大的桑德贝和美国的塔科尼特等。湖区矿产资源丰富，主要有铁、镍、铜等。

大盐湖

大盐湖是西半球最大的内陆盐湖。它位于美国犹他州的西北部，东面是落基山支脉沃萨奇岭，西面是沙漠。此湖盐类储量丰富，湖盆累积达 60 亿吨，食盐占 3/4，故称“大盐湖”。

大盐湖沿西北—东南向延伸，1996 年面积为 4 756 平方千米，湖面海拔约 1 280 米。大盐湖四周群山环绕，常年积雪。大盐湖是个死水湖，没有泄水口，湖水流失主要靠太阳的自然蒸发，湖水的补充则主要来自大自然的降水和融化的雪水，致使盐度越来越高，盐度高达 150‰~270‰。大盐湖资源丰富，湖水中含有多种矿物质和微量元素，种类齐全，同时具有天然杀菌的效果，盐类储量较大，还有镁、钾、锂、硼等。大盐湖也是一大旅游胜地。湖中有野生动物保护区，有许多野禽，例如苍鹭、燕鸥等在这里生息繁衍。

图尔卡纳湖

图尔卡纳湖曾叫“鲁道夫湖”，它位于肯尼亚北部，北靠埃塞俄比亚，是非洲最大的咸水湖。

图尔卡纳湖是东非裂谷带上许多湖泊中的一个。湖区窄长呈条带状，南北长 256 千米，向北一直抵达埃塞俄比亚边界，东西宽 50~60 千米，最深 73 米，面积 6 405 平方千米，湖面海拔 375 米。图尔卡纳湖形成于几千万年前，它不仅景色迷人，而且以“人类的摇篮”著称于世。图尔卡纳湖处于干旱地区，水源不足，湖盆周围的侵蚀作用比较微弱，湖水不能外流，形成了一个面积巨大的咸水湖泊，含盐度高。湖周围多火山，特累积火山是比较著名的一个。湖中有北岛、中央岛、南岛，岛上还随处可见蝰蛇、眼镜蛇、响尾蛇等毒蛇，因此在这些岛上捕鱼的人不多。中央岛已辟为国家公园，有约 10 000 万条鳄鱼，是世界上最大的鳄鱼群之一。

马拉开波湖

马拉开波湖位于委内瑞拉的西北部，湖的东、西、南三面被佩里哈山脉和梅里达山脉环绕，是委内瑞拉以及南美洲最大的湖泊，也是世界上著名的石油湖。

马拉开波湖湖面宽广，一望无际，最深处 34 米，靠南的部分有多条内陆河注入，湖北端出海口有长 35 千米，宽 3~12 千米的水道与委内瑞拉湾相接。它口窄内宽，面积 1.33 万平方千米。马拉开波湖北浅南深，容积 2.8 亿立方米。除北部委内瑞拉湾沿岸气候干燥、年降水量不足 500 毫米外，湖区大部分高温多雨，年平均气温 28℃，年降水量 1 500 毫米以上，为南美洲最湿热的地区之一。马拉开波湖石油资源丰富，湖区的石油产量占全国的 80%以上，有“石油湖”之称。油田集中于东北岸和西北岸。1917 年打出第一口生产井，1922 年起大规模开采，委内瑞拉是世界重要的石油生产国和出口国之一。湖上水道可通大型海轮和油轮。湖的北端有一座长 8 千米、宽 18 米、高 45 米的大桥，是南美洲跨度最大的桥梁之一。

马拉维湖

马拉维湖旧称“尼亚萨湖”。“马拉维”在当地尼昂加语中是“火焰”的意思，指金色的太阳照射在湖面上，湖水泛起了一片耀眼的火焰般的光芒。1984 年马拉维湖国家公园被联合国教科文组织列为世界自然遗产。

湖区大部分水域位于马拉维境内，只有东部和北部一小部分属于坦桑尼亚和莫桑比克。湖水由四周 10 余条常年有水的河流注入，其中以鲁库鲁河水量最大。马拉维湖面积 3.08 万平方千米，南北长 560 千米，东西宽 24~80 千米，平均水深 273米，北端最深处达 706 米，湖面海拔 472米，是非洲第三大淡水湖、第二

大深湖，世界第四深湖。湖的四周高山环绕，绿水青山，云雾缭绕。马拉维湖表层水温随季节变化，一般在23℃~27℃，深水层为22℃左右，有200多种鱼。这是一个美丽富饶的地方。

乍得湖

乍得湖位于非洲中部，在乍得、尼日尔、尼日利亚、喀麦隆交界处，乍得盆地中央，是非洲的第四大湖。“乍得”出自当地方言，意为“大片的水”。

乍得湖水位年变幅0.6~0.9米，流域面积100万平方千米。乍得湖湖面海拔243米，湖面面积随季节变化，雨季时可达2.6万平方千米，干季时可缩小一半以上。沙里河是它的主要水源，占总补给量的2/3。乍得湖是非洲第四大湖，是古乍得海残余。北岸受沙丘侵袭，陡峭；南岸平坦、多沼泽。湖中有半岛和多个岛屿，湖底还有一道岭脊，故南北湖水循环不畅。湖中水产资源丰富，产河豚、鲶、虎形鱼等。沿岸多鸟类。沿湖为重要灌溉农业区。由于气候持续干旱，蒸发强烈，湖面正不断缩小。据考证，3 000~4 000年前，乍得湖与其他湖相通，后因出口河道淤塞，才演变为今日的内陆湖。乍得湖风光优美，湖里多鱼，岸边多鸭、珍珠鸡等。

巴尔喀什湖

巴尔喀什湖位于中亚的哈萨克斯坦东部，是一个内陆冰川堰塞湖，东西长约605千米，南北宽9~74千米，面积1.7~2.2万平方千米。湖平均水深6.5~6.8米，最深达26米。流经中国新疆的伊犁河，接纳了大量来自天山的冰雪融水，占总入水量的大部分。湖分为东西两半：西部有伊犁河注入，水浅淡，盐度1.48‰，东部有数条小河注入，湖水混浊，颜色浅淡，水深微咸。巴尔喀什湖地区属于温带大陆性气候，年平均气温5℃左右。湖中可定期通航，主要大港有布鲁尔拜塔尔和布尔柳托别。每年11月至次年4月湖面结冰。巴尔喀什湖盛产多种鱼类，有鲤鱼、鲈鱼等。湖区动物繁多，在芦苇丛中有大量鸥、野鸭、天鹅等禽类。其北岸铜矿著名，港口城市巴尔喀什是哈萨克斯坦的重要炼铜中心。

伊塞克湖

伊塞克湖位于帕米尔高原的北部、吉尔吉斯斯坦的东北部，是吉尔吉斯斯坦境内最大的湖泊，也是世界上最大的高山内陆湖之一。伊塞克湖终年不结冰。

伊塞克湖东西长178千米，南北宽约60千米，面积约6 236平方千米，湖面海拔约1608米，平均水深约278米，最深处达702米，水体微咸。湖水主要靠雪水补给，湖岸线长约669千米，一半以上为沙岸。湖区位于大陆性气候带中部，气候温和干燥：1月平均气温-6℃，7月平均气温15℃~25℃；年降水量约200~300毫米，山地地区可达800~1 000毫米，年蒸发量达820毫米。湖中矿物含量高，有几十条河流汇入该湖，且夏季气候凉爽宜人，是中亚著名的疗养、旅游避暑胜地，湖区开设有各类疗养院、休闲场所。

大熊湖

大熊湖位于加拿大西北地区，北极圈经其北部，是加拿大第一大湖，也是北美第四大湖和世界第八大湖。

大熊湖面积为31 328平方千米，平均深度是137米，最深处达413米，海拔156米。湖岸线长，湖水西经110千米长的大熊河流入马更些河，湖区多北极熊，故称"大熊湖"。湖的周边地区人口稀疏。湖形不规则。湖区气候严寒，常年结冰，仅8、9两个月可通航。湖中多小岛，湖水清澈，湖岸陡立，产白鱼和湖鳟等。湖东岸有沥青铀矿开采中心，除提炼镭、铀外，还产银、铜、钴、铅等。埃科贝（雷锭港）是采矿中心，它和西岸商业集中地富兰克林堡是湖区的主要居民点。

坦噶尼喀湖

坦噶尼喀湖位于东非大裂谷区的西部裂谷部分，是一个国际湖泊，其周围有4个国家。东岸大部分属于坦桑尼亚，东北端有一部分属于布隆迪，西岸属于刚果民主共和国，南岸属于赞比亚。坦噶尼喀湖面积仅次于贝加尔湖，是世界第二深湖，也是世界上最长的淡水湖。

坦噶尼喀湖属于断层湖，湖形狭长，呈条状，南北长约 720 千米，东西宽 40~80 千米，平均水深 700 米，最深处达 1 470 米，面积 3.29 万平方千米。坦噶尼喀湖的湖岸线长。除了有两条主要的河流流入坦噶尼喀湖，还有很多小河也流进湖中。这两条流入坦噶尼喀湖的河流中，以鲁济济河最大，它从湖的北边流入；另一条是马拉加拉西河，它是东非国家坦桑尼亚的第二大河。湖岸线蜿蜒曲折，湖滨平原狭小，许多地方陡峭的山坡直插水中，形成笔直的悬崖峭壁。湖区四周森林茂盛，各种热带林木竞相生长，最引人注目的是香蕉林。湖上鸟类众多，被人们称为“鸟的王国”。鸟类不仅数量多，而且种类也很多，有白胸鸦、红喉雀、斑鸠、白鹭、黄莺、灰鹤、鹦鹉等，久负盛名的还要数红鹤。湖上航运发达，主要港口有定期航班。

咸海

咸海位于哈萨克斯坦和乌兹别克斯坦之间。南部属于乌兹别克斯坦，北部属于哈萨克斯坦。20 世纪 60 年代初湖面海拔 53 米，面积 6.45 万平方千米（包括湖中岛屿面积）。

咸海的水源主要是阿姆河和锡尔河，大部水深 20~25 米。20 世纪五六十年代，两河上游地区的人们开展的大规模开荒造田运动取水以灌溉农田。由于缺乏科学的灌溉系统，水资源浪费现象极为严重，阿姆河和锡尔河已基本不能再为咸海输水，湖面已大为缩减。由于咸海沿岸沙漠化严重，所以大风把大量盐分吹入大气之中，咸海每升湖水中含盐量现在已急剧上升。由于农药的使用，使咸海沿岸居民的健康受到威胁。

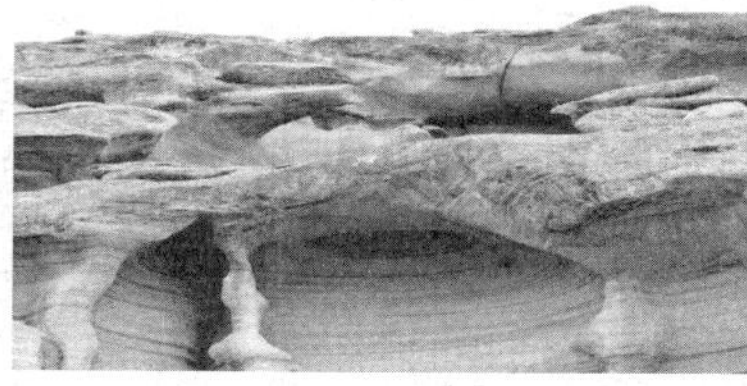

著名山脉

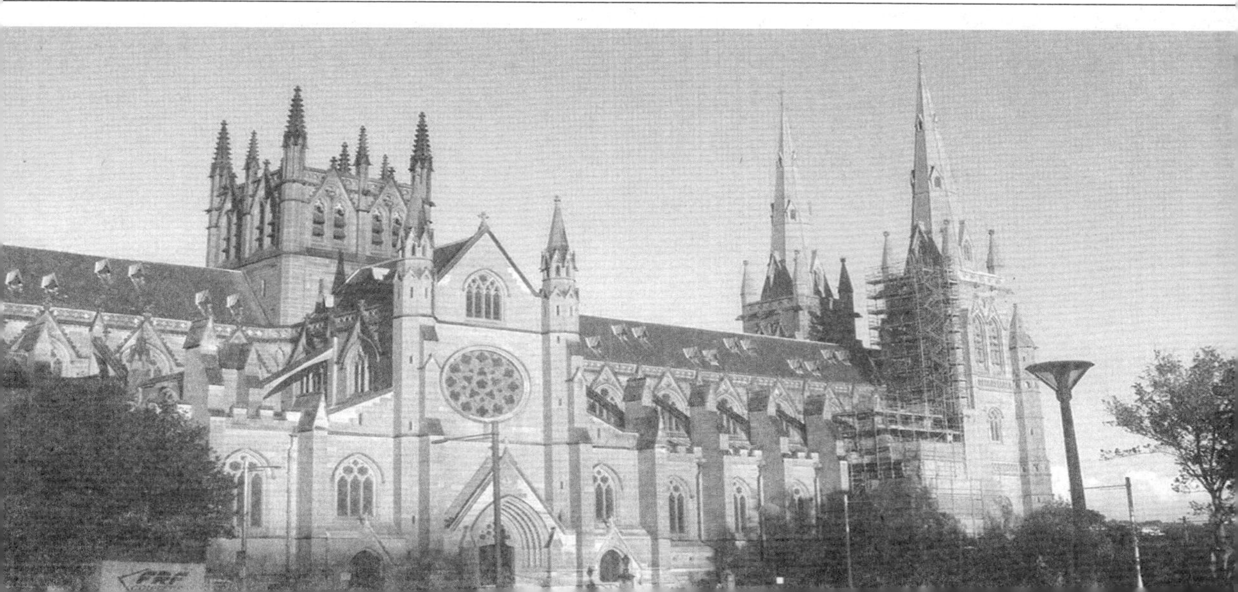

山脉的定义

山脉是沿一定方向延伸，包括若干条山岭和山谷的山体，因像脉状而称为山脉。构成山脉主体的山岭称为主脉，从主脉延伸出去的山岭称为支脉。几个相邻山脉可以组成一个山系，例如喜马拉雅山系，包括柴斯克山脉、拉达克山脉、西瓦利克山脉和大、小喜马拉雅山脉。世界上著名的山脉主要有亚洲的喜马拉雅山脉、欧洲的阿尔卑斯山脉、北美洲的科迪勒拉山脉、南美洲的安第斯山脉等。喜马拉雅山脉为世界上最大的山脉，它的主峰珠穆朗玛峰海拔 8 848.86 米，为世界上最高的山峰。科迪勒拉山脉，北起阿拉斯加，南到火地岛，全长 1.5 万千米，构成世界上最长的山系。

喜马拉雅山脉

喜马拉雅山脉位于中国青藏高原的西南边缘，是坐落在青藏高原和印度半岛之间的雄伟山脉，分布在中国、巴基斯坦、印度、尼泊尔和不丹境内，是世界最高大的山脉，有“世界屋脊”之称。

喜马拉雅山脉东西长约 2 450 千米，南北宽约 200~350 千米，有 10 座海拔超过 8 000 米的高峰，其中珠穆朗玛峰是世界最高峰，有“地球第三极”之称。喜马拉雅山脉由南向北分为西瓦利克山、小喜马拉雅山、大喜马拉雅山、拉达克山和柴斯克山。喜马拉雅山脉是独特的山地气候，具有典型的自然带结构，有亚热带常绿阔叶林、山地暖温带常绿阔叶林等。

阿尔卑斯山脉

阿尔卑斯山脉是欧洲最高大的山脉，它位于欧洲南部，西起法国东南部的尼斯附近地中海海岸，呈弧形向北、东延伸，经意大利北部、瑞士南部、列支敦士登、德国西南部，东至奥地利的维也纳盆地。阿尔卑斯山脉不仅有优美的自然景观，其中几个中世纪的城堡更增添了几分传奇色彩。

阿尔卑斯山脉长约1 200千米，宽130~260千米，平均海拔3 000米左右。勃朗峰海拔4 810米，是阿尔卑斯山的主峰，也是西欧第一高峰。其四周群峰竞秀、巍峨壮观、气象万千。马特峰也是阿尔卑斯山脉中著名的山峰之一，位于瑞士和意大利的交界处。阿尔卑斯山脉的气候成为中欧温带大陆性气候和南欧亚热带气候的分界线。山地气候冬凉夏暖，在海拔2 000米处年平均气温为0℃。整个阿尔卑斯山脉湿度很大，年降水量一般为1 200~2 000毫米，但因地而异，高山区年降水量超过2 500毫米，海拔3 000米左右为最大降水带，背风坡山间谷地只有750毫米。冬季山上有积雪。阿尔卑斯山脉植被呈垂直分布，可分为亚热带常绿硬叶林带和森林带，森林以上为高山草甸带。此处有大角山羊、山兔、土拨鼠等动物。

安第斯山脉

安第斯山脉全长约8 900千米，是世界上最长的山脉。安第斯山脉纵贯南美大陆西部，大体上与太平洋岸平行，其北段支脉沿加勒比海岸伸入特立尼达岛，南段伸至火地岛，跨委内瑞拉、哥伦比亚、厄瓜多尔、秘鲁、玻利维亚、智利、阿根廷等国。

安第斯山脉大部海拔3 000米以上，有许多高峰终年积雪，许多高峰超过6 000米。智利境内的阿空加瓜山海拔6 960米，是美洲第一高峰，也是世界上最高的死火山。世界最高的活火山之一的图蓬加托火山就在安第斯山脉中，海拔6 800米，许多著名的河流发源于此地。安第斯山脉气候和植被类型复杂多样，垂直分带明显，随纬度的不同而异，北段气候湿润，年平均气温27℃；中段降水少，比较干旱；南段温和湿润。骆马是这里著名的动物，貘是安第斯山脉的代表物种。安第斯山脉矿藏丰富，有一条闻名世界的金属矿富集地带，铜、锡、银、金、铂、锂、锌、铋、钒等储量均居世界前列，钨、硝石等也是重要矿藏。

比利牛斯山脉

比利牛斯山脉西起大西洋比斯开湾，东至地中海利翁海湾，是法国与西班牙两国的界山，是阿尔卑斯山脉向西南的延伸部分，是欧洲西南部最大、最雄伟的山脉。

比利牛斯山脉是阿尔卑斯山脉主山系的西南分支，具有阿尔卑斯山脉的特征，山体中轴由强烈错动的花岗岩、古生代页岩以及石英岩组成，两侧为中生代和第三纪地层，北坡为砾岩、砂岩、页岩等岩层交错沉积所组成的复理层。山脉呈东西走向，长 435 千米，一般宽 80~140 千米。海拔 3 404 米的阿内托峰是其中心。离地中海岸约 48 千米处有海拔仅 300 米的山口，为南北交通要道。山脉的北麓是温带海洋性气候，多针叶林，南麓是亚热带气候，多硬叶常绿林。山地植被有明显的垂直分层结构，海拔 400 米以下是地中海型植物，例如油橄榄等；海拔 400~1 300 米是落叶林分布带；海拔 1300~1 700 米是山毛榉和冷杉混交林带；海拔 1 700~2 300 米是高山针叶林带；海拔 2 300 米以上是高山草甸；海拔 2 800 米以上有冰雪覆盖和冰川。这里有许多有名的景点和温泉浴池，吸引了众多的游人。比利牛斯山脉矿产资源主要有铁、锰、铝土、硫黄、汞和褐煤等。阿尔塔米拉洞窟位于此地，以精美的史前绘画和雕刻闻名于世，是西班牙重要的文化遗迹。

阿特拉斯山脉

阿特拉斯山脉位于非洲大陆西北部，西南起于摩洛哥大西洋沿岸，东北经阿尔及利亚到突尼斯的东北部。阿特拉斯山脉长约 1 800 千米，把地中海西南岸与撒哈拉沙漠分开。

阿特拉斯山脉是由中生代和第三纪沉积岩褶皱组成，拥有非洲最广大的褶皱断裂山地。山脉呈东北—西南走向，由一系列平行的山脉组成，分为南北两支。大部海拔 1 500~2 500 米，最高峰图卜卡勒山海拔 4 165 米。阿特拉斯山脉降雨具有季节性，多滂沱大雨，东部比西部降水量多。穆卢耶河是源自阿特拉斯山的常年性河流。北坡属地中海气候，多森林和果园，山区森林面积约 8 万平方千米。其余部分是半沙漠气候，山间多盐湖。山区富产磷灰石、铁等矿藏。

高加索山脉

高加索山脉位于欧洲和亚洲之间，西濒黑海和亚速海，东临里海，横贯格鲁吉亚、亚美尼亚和阿塞拜疆三国。

高加索山脉是由阿尔卑斯造山运动形成的褶皱山系，多火山和冰川。山脉呈西北—东南走向，形成大高加索和小高加索两列主山脉。面积 44 万平方千米大高加索山脉是亚欧分界线的一部分，全长约 1 000 千米。山脉的最高峰是厄尔布鲁士山，海拔 5 642 米，山上气候寒冷，终年积雪。小高加索山脉的走向大致与大高加索山脉平行，位于大高加索山脉以南，两山之间是黑海和里海沿岸低地。山脉北侧是温带大陆性气候，冬季平均气温 -30℃，夏季平均气温 20℃~25℃，年降水量 200~600 毫米。山脉南侧是亚热带气候，年平均温度在 20℃左右，年降水量 1 200~1 800 毫米。山上海拔 2 000~2 800 米之间分布着针叶林和高山草甸。常见动物有狼、棕熊、山猫、高加索鹿、狍、欧洲野牛、豹等。

喀尔巴阡山脉

喀尔巴阡山脉位于欧洲中部阿尔卑斯山脉的东伸部分，在多瑙河中游以北，西起多瑙河峡谷，向东呈弧形延伸至多瑙河谷的铁门峡处。

喀尔巴阡山脉全长约 1 500 千米，宽 100~200 千米。山脉分为西、南、东 3 部分。多数山峰一般在海拔 2 000 米以下，最高点是西喀尔巴阡的格尔拉赫峰，海拔 2 655 米，冰川地貌仅限于少数高耸山峰。喀尔巴阡山脉多为断块山地，地表有受流水侵蚀的明显特征，由多列平行延伸的山岭所组成，地势不高。山脉地区属于西欧海洋性气候和东欧大陆性气候之间的过渡型。1 月份平均气温 -2℃~5℃，7 月份平均气温是 18℃，年降水量 800~1 000 毫米，在最高地段和迎风坡年降水量可达 1 200 毫米，山麓和内部盆地一般只有 600~800 毫米。积雪期在山地可以达 5 个月。山上植被有明显的垂直分布，有草地、矮松和山毛榉等，动物主要有熊、狼、猞猁等。山区及外缘的山麓矿产资源丰富，有石油和天然气等。

科迪勒拉山脉

科迪勒拉山脉纵贯南、北美洲大陆西部，北起阿拉斯加，南至火地岛，绵延约1.5万千米，是世界上最长的山系。它由一系列平行山脉、山间高原和盆地组成，属环太平洋火山地震带的一部分，火山、地震比较频繁，是世界上著名的火山、地震多发带。

科迪勒拉山脉宽约800~1 600千米，海拔1 500~3 000米，包括东、西两列山带和宽广的山间高原盆地带。东带以落基山脉为主体。西带又可分内、外两带。内带自北向南包括阿留申山脉、阿拉斯加山脉、加拿大海岸山脉、喀斯喀特－内华达山脉和加利福尼亚半岛山脉等。外带北自阿拉斯加南岸的科迪亚克岛起，南至加利福尼亚半岛，主要为沿海岛山带及美国境内的海岸山脉。科迪勒拉山脉自然资源丰富，有多种不同的垂直带结构。北美洲西北沿海和南美洲的赤道附近以及安第斯山南部，森林茂密，水力资源丰富。科迪勒拉山脉还有铜、锌、铅、锡、金、银、石油、煤等多种矿产资源。

著名岛屿

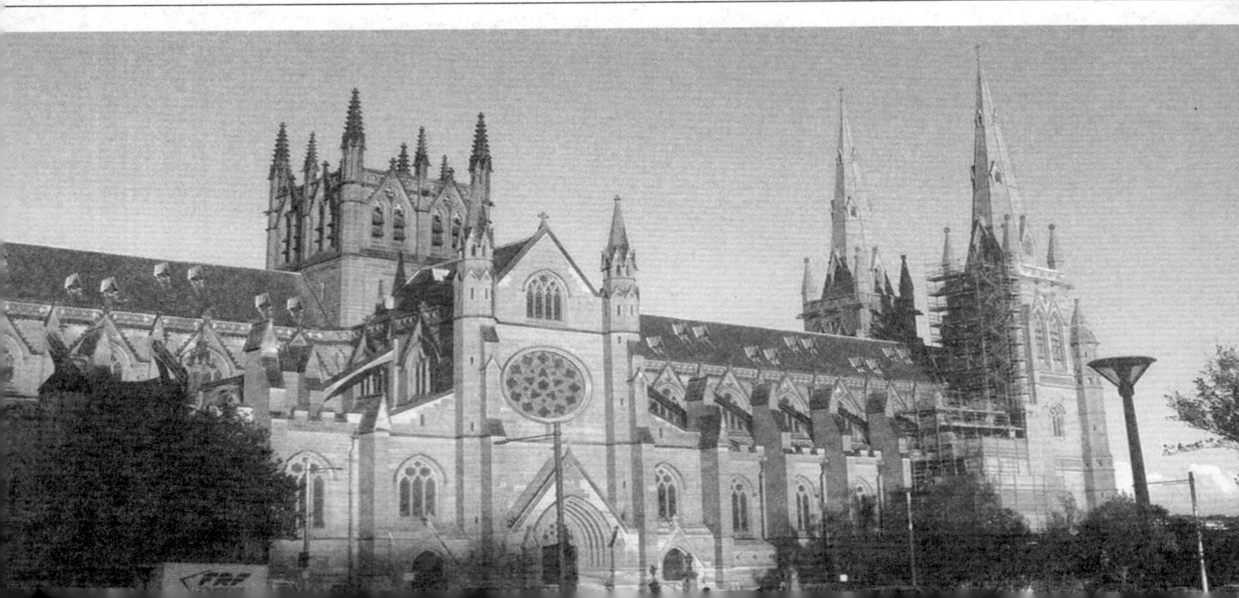

马来群岛

马来群岛位于亚洲东南部太平洋与印度洋之间辽阔的海域上，东西沿赤道延伸 6 000 余千米，南北最大宽度 3 520 千米，陆地面积约 247.5 万平方千米，是世界上面积最大的群岛。

马来群岛由苏门答腊岛、加里曼丹岛、爪哇岛、菲律宾群岛等多个岛屿组成，多为山地，平原狭小，民族众多。马来群岛的动植物种群繁多。马来群岛纬度较低，赤道横贯中部，炎热多雨的气候与肥沃的火山灰土壤为热带经济作物提供了适宜的生长环境。岛上居民多以种植业为生。岛上盛产橡胶、椰子、胡椒等。马来群岛人们从事的轻工业主要是纺织、造纸等。岛上还有丰富的石油、天然气、锡等矿产资源。

中南半岛

中南半岛位于亚部东南部，东临南海与泰国湾，西临孟加拉湾、安达曼海和马六甲海峡，是亚洲南部三大半岛之一。

中南半岛面积 206.5 万平方千米，包括越南、老挝、柬埔寨、缅甸、泰国、新加坡及马来西亚西部地区。岛上大部是典型的热带季风气候，每年 3—5 月为热季，冬夏季风均消退，气候炎热，月均温达 25℃~30℃；6—10 月为雨季，盛行西南季风，降水充沛；11 月至次年 2月为凉季，盛行东北季风，天气干燥少雨。年均降水量受地形影响，大部分地区在 1 500~2 000 毫米。湄公河是中南半岛最大的国际性河流，为人们提供了极其丰富的水力资源。中南半岛的主要港口有海防、岘港、曼谷、新加坡等。半岛上蕴藏大量有色金属矿产资源，其中宝石、煤、石油、天然气、锡、钨等矿产资源均占有重要地位。此外，还盛产柚木、橡胶和胡椒等。

印度半岛

印度半岛东滨孟加拉湾，西临阿拉伯海，是亚洲南部的三大半岛之一。

印度半岛南北长 1 700 千米，东西最宽 1 600 千米，面积 209 万平方千米，平均海拔 600 米。印度大部分国土都在此半岛上。印度半岛的地形以平原和台地缓丘为主，北部为山地，中部为平原，南部为高原。南北地区气候差异比较明显，大部分地区属于热带季风气候，全年分为凉季、热季和雨季。大部地区年降水量1 000~2 000毫米，充沛的雨量有利于农作物的生长。水力资源丰富，为半岛上人们进行农业灌溉和发电创造了有利条件。

阿拉伯半岛

阿拉伯半岛位于亚洲西南部，以北亚喀巴湾北端—阿拉伯河口一线为界，东北临波斯湾和阿曼湾，东南临阿拉伯海，南临亚丁湾，西临红海，是世界上最大的半岛。

阿拉伯半岛南北长约2 240千米，东西宽1 200~1 900千米，面积322万平方千米。半岛上有也门、阿曼、科威特、沙特阿拉伯等国，居民主要是阿拉伯人，通用阿拉伯语。以阿拉伯半岛为中心的阿拉伯帝国曾横跨欧、亚、非大陆。半岛有热带荒漠、热带干草原和沙漠中的绿洲3种景观。热带荒漠面积占半岛的1/3。阿拉伯半岛有许多野生动物。半岛上资源丰富，盛产石油，波斯湾沿岸是世界上石油、天然气产量最丰富的地区之一。半岛上也产椰枣、咖啡、羊毛、皮革等。

大不列颠岛

大不列颠岛位于欧洲大陆西岸外的大西洋中，是欧洲最大的岛屿，是英国领土的主要组成部分。大不列颠岛是英国领土主体，包括英格兰、苏格兰和威尔士三部分。

大不列颠岛面积23万平方千米，地势是西北高，东南低。英格兰西部、苏格兰和威尔士地势较高，大不列颠岛上的最高峰是本内维斯山，海拔1 344米。东南地区海拔在200米以下，英格兰的中部和东部处在这个地区。岛上多海湾，海岸线曲折，冬天不结冰。岛上水力资源丰富，可用于灌溉。大不列颠岛属于温带海洋性气候，冬暖夏凉，秋冬多雾，年降水量600~1 500毫米。岛上主要河流有泰晤士河、塞文河和特伦特河，河水稳定，有利于航运。其中塞文河是岛上第一长河，全长338千米。岛上工农业发达，人口稠密，岛上多矿产资源，以石油、天然气、煤和铁最多。

巴尔干半岛

巴尔干半岛位于欧洲东南部，西临亚德里亚海，东濒黑海，南滨伊奥尼亚海和爱琴海，北以多瑙河、萨瓦河为界。

巴尔干半岛面积约 50.5 万平方千米，包括阿尔巴尼亚、希腊、保加利亚、北马其顿等国。半岛地处欧、亚、非三大陆之间，具有重要的战略地位，是欧、亚联系的陆桥，南临地中海重要航线。岛上人口主要是阿尔巴尼亚人、保加利亚人等。岛上大部分为山地，主要山脉有喀尔巴阡山脉、巴尔干山脉等。喀尔巴阡山脉的最高峰是格尔拉赫峰，海拔 2 655 米。北部和东部有平原。半岛西部和南部属地中海气候，夏季炎热少雨，冬季温和湿润。半岛内部属温带大陆性气候，冬冷夏热。半岛海岸线曲折，长 9 300 千米，港口较多。岛上矿产资源有煤、石油、铜等。

格陵兰岛

格陵兰岛位于北美洲东北部，北冰洋和大西洋的交汇处，是丹麦的属地。它西临史密斯海峡、巴芬湾和戴维斯海峡，与加拿大北极群岛相望，是世界上最大的岛屿。

格陵兰岛是一个由高耸的山脉、庞大冰山、壮丽的峡湾和贫瘠裸露的岩石组成的地区。其西海岸有世界最大的峡湾。格陵兰岛面积为 216.61 万平方千米，气候严寒，年平均气温低于 0℃，常有大风暴和雪暴。岛上大部分面积被厚厚的冰雪覆盖，冰原平均厚度约 1 500 米，只有在沿岸可以见到少量的无冰带。因格陵兰岛处在极地地区，它的北部有连续 5 个月的极昼和 5 个月的极夜。格陵兰岛岛上居民主要分布在气候比较温暖的西部和西南部，因纽特人占多数，主要以狩猎为生。格陵兰岛有北极熊，还有北极狐、北极兔等。

台湾岛

台湾岛北临东海，东北接琉球群岛，东濒太平洋，南隔巴士海峡与菲律宾相邻，西隔台湾海峡与福建省相望，是中国第一大岛，被誉为“宝岛”。

台湾岛南北长约 380 千米，东西宽 20~150 千米，面积为 3.578 万平方千米。台湾岛上多山，山地和丘陵占全岛面积的2/3，主要分布在东部和中部，自东向西有海岸山、中央山、雪山、玉山和阿里山5条平行山脉，呈东北—西南走向，以中央山脉为主分水岭。其中海拔1 000米以上山地约占全部山地的一半，海拔3 500米以上山峰有30余座。玉山是岛上的最高峰，海拔3 952米，也是中国东南部第一高峰。台湾岛地跨北回归线南北，受黑潮影响，属南亚热带湿润气候，高温、多雨、多风，年平均气温21℃~25℃。台湾岛蕴含着丰富的矿产资源，现在已经探明的各种矿产资源有200多种，目前已经开采的矿产资源有30多种，在台湾北端大屯山一带，还出产重要的化工原料——硫黄。这里是中国天然硫黄储量最多的地方，估计达200万吨。岛上的油气田多分布在西北山麓和平原地区，有较多的热带动植物。

马尔维纳斯群岛（英称福克兰群岛）

马尔维纳斯群岛（英称福克兰群岛），西距阿根廷500多千米。

马尔维纳斯群岛（英称福克兰群岛）由索莱达岛（东福克兰岛）、大马尔维纳岛（西福克兰岛）两大主岛和附近200多个小岛组成，面积为12 173平方千米。岛上多丘陵，海岸曲折。岛上气候凉湿，温差较小，多阴雨和强风。群岛上西风盛行。岛上居民多为英国移民及其后裔，大部分居住在索莱达岛。岛上物产丰富，主要出口产品为羊毛、皮革；进口粮食和日用品。岛上蕴藏着丰富的矿产资源，有石油和天然气等。

夏威夷群岛

夏威夷群岛位于太平洋中北部地带，向东到美国西海岸的圣弗朗西斯科（旧金山）近4 000千米，向西到日本的横滨约6 300千米，向北到阿拉斯加约4 000千米，中间几乎没有岛屿。有“太平洋的十字路口”之称。

夏威夷群岛是一群火山岛，从西到东由8个大岛和100多个小岛组成。群岛位于太平洋地壳断裂带上，由火山喷发的岩浆形成，现在火山口还经常有火山喷发。岛上多山地和丘陵，少平原。许多山地和丘陵被浓密的森林和草地覆盖着。岛上的基拉韦厄和冒纳罗亚火山是世界著名活火山。在基拉韦厄火山的山顶有一个巨大的破火山口，在破火山口的西南角有个翻腾着炽热

熔岩的火山口，其中的熔岩，有时向上喷射，形成喷泉，有时溢出火山口外，形如瀑布，吸引了众多的游人。岛上属于热带海洋性气候，终年暖湿，迎风坡降雨多，背风坡降雨少。岛上一年四季温度变化不大。群岛上主要产甘蔗和菠萝，其中菠萝占全世界产量的3/4。岛上植物和昆虫众多，森林覆盖率达43%。

斯里兰卡岛

斯里兰卡岛位于印度半岛南端，西北靠马纳尔湾，隔保克海峡与印度相望，东北部为孟加拉湾，是印度洋上的岛国。

斯里兰卡岛呈鸭梨形，面积为6.56万平方千米。岛上中部、南部多高原、山地，北部和沿海是平原。北部属热带草原气候。南部属热带雨林气候。岛上主要矿产资源有石墨、钛、云母等，是世界上著名的宝石之乡。农作物主要有茶叶、橡胶、椰子，被称为斯里兰卡的特产“三宝”。斯里兰卡大多数国民信奉佛教。

塔斯马尼亚岛

塔斯马尼亚岛是澳大利亚的一个岛，在维多利亚州以南240千米处，中间隔巴斯海峡与澳大利亚大陆相望。

塔斯马尼亚岛面积为6.8万平方千米。岛呈心形，多山，为大分水岭的余脉，最高峰奥萨山海拔1 617米。它西部多山脉、峡谷；中部为高原，有众多湖泊；东部主要是低高地。德文特河和南埃斯克河是岛上的主要河流。岛上为湿带海洋性气候。2月份最热，平均温度达到21℃。西部山区年降雨量超过2 500毫米，雨水充沛地区发育有温带雨林。沿海地区渔业发达。岛上的主要矿产资源有铁、锌、铅、铜、锡、钨、煤等。中西部有丰富的水力资源。农牧产品有木材、水果、羊毛、乳品等。

新地岛

新地岛位于俄罗斯北部的喀拉海和巴伦支海之间，属于北冰洋群岛，主要由南北两大岛组成，还有另外的一些小岛从东北向西南延伸

1 000 多千米。

新地岛总面积为 8.26 万平方千米。此岛是呈长条形的石山，寸草不生，有很多冰河遗迹及峡湾，岛上山顶积着厚雪，有千年冰川。南北两大岛之间是马托奇金沙尔海峡，宽度仅为 1.6~2.4 千米。位于新地岛南端的库素瓦地岛隔喀拉海峡与瓦伊加奇岛及大陆相望。岛上大部属于极地荒漠带，气候严寒，多风并常有大雾。新地岛的无名海湾沿岸的岩石上，有 200 多万只海鸟占据着，其中以海雀、三趾鸥、贼鸥为主，又被称为“鸟的天堂”。岛上也是海豹、海象的栖息地。岛上有一座 18 世纪时两位探险家过冬的小屋，现只剩一根木梁插在屋址供人凭吊。岛上建有北极观测站。

新不列颠岛

新不列颠岛是西南太平洋俾斯麦群岛中最大的岛屿，为巴布亚新几内亚的属岛。此岛长约 560 千米，宽约 80 千米，面积为 3.65 万平方千米。新不列颠岛地势崎岖多山，有多处活火山，最高峰为乌拉万火山，海拔2 300 米，海岸线曲折，有许多优良港湾。岛上气候较为炎热，温暖湿润。岛上有许多经济作物，盛产椰子、可可、咖啡、烟草等。拉包尔是岛上的主要城市。

九州岛

九州岛古时候为筑紫、筑后、丰前、丰后、肥前、肥后、日向、萨摩、大隅 9 国，因此称为“九州岛”。它位于日本西南端，东北隔关门海峡与本州岛相对，东隔丰予海峡和丰后水道与四国岛相望，东南临太平洋，西北隔朝鲜海峡与韩国为邻，西隔黄海、东海与中国遥对。

九州岛面积 4.44 万平方千米(包括属岛)。岛的北部是筑紫山地，低矮平缓，海拔 500 米左右，多盆地和平原；南部地势高峻，九州山脉纵贯。岛上河流众多，水流湍急，水力资源丰富，海岸线曲折，多海湾、半岛和火山。岛上大部分属亚热带气候，温暖多雨，年平均气温 13℃~16℃，年降水量 1 500~2 500 毫米。岛上有大片森林，占全岛面积的 3/5。岛上农副产品丰富，有各种水果、蔬菜和加工品。岛上煤矿资源丰富，产煤量居日本前列。

海南岛

海南岛古代被称为“琼崖”。它位于琼州海峡之南，所以被称为“海南岛”。海南岛是一个大陆岛，也是中国第二大岛。

海南岛的地形是中央高，四周低，以山地和台地为主，南北长245千米，东西宽258千米，面积为3.383万平方千米。岛上有3列主要山脉，呈东北—西南走向。中部五指山横空出世。南部沿海多低山和丘陵，部分伸入海中，成为半岛和小岛。海岸线长1 000多千米，曲折多港湾。岛上属于热带海洋性季风气候，全年高温，光照丰富。岛上雨量充沛，每年5—10月份的降水量占全年降水量的3/4以上。大部分地区年降水量在1 700毫米左右，是中国降水较多的地区之一。岛上河流众多，比较短小，南渡江和万泉河是较大的河流。岛上有丰富的地下水资源。岛上盛产橡胶、咖啡、可可、椰子、槟榔、剑麻等。其中橡胶占中国橡胶种植面积的一半以上。沿海港口有海口、三亚等。

帝汶岛

帝汶岛南隔帝汶海与澳大利亚相望，是东南亚努沙登加拉群岛中最大、最东的岛屿，面积为30 724平方千米。岛上高山连绵，海岸陡峭，有火山。法塔迈洛山是岛上最高点，海拔2 960米。岛上气候炎热，年降水量1 500~2 000毫米，有干季和雨季之分。岛上盛产红木、檀木、柚木等。岛上矿产资源主要有砂金、铜、锰、铁等。岛上农作物和经济作物有玉米、稻米、椰子、咖啡、烟草等。畜牧业以养牛、马为主。

哈马黑拉岛

哈马黑拉岛旧称“济罗罗岛”。它属于印度尼西亚，是马鲁古群岛中最大的岛屿。岛上多山岭，山岭纵贯全岛，海拔900~1 500米。岛上有许多火山，其中大都集中在西北半岛，形成了一个火山群，火山群中有5座活火山，是一个地震多发区。岛上海岸陡峭，珊瑚礁较多。岛上属于热带气候，终年炎热多雨，有大片热带森林。岛上经济比较发达，居民以发展农业和工业为生。岛上农产品和经济作物丰富，有椰子、西谷米、烟草、稻米及树脂等。岛上较为丰富的矿产资源是镍，主要用于出口，曾和多个国家签订镍生产约定。

四国岛

四国岛濒临濑户内海和太平洋，包括德岛、高松、松山和高知等城市，是日本四岛中面积最小的一个，是日本第四大岛。四国岛面积 1.83 万平方千米，岛上多山，山脉纵贯全岛，山地约占全境面积 80%。岛上的最高峰为石锤山，海拔 1 982 米。四国岛河流短小，水流湍急，有丰富的水力资源，主要河流有吉野川、四万十川和仁淀川等。岛上气候温暖，年均温 15℃~17℃，北部年降水量不足 1 500 毫米，南部 2 000~3 000 毫米。其农业和渔业都比较发达，主要农作物是水稻和蔬菜。爱媛的柑橘产量与质量均居日本首位。岛上发展的工业部门有石油、化学、机械、造船业等，矿产资源比较贫乏。

新喀里多尼亚岛

新喀里多尼亚岛位于大洋洲的美拉尼西亚南边，是法国领土的一部分，官方语言为法语。新喀里多尼亚岛主要由新喀里多尼亚岛和附近的洛亚蒂群岛组成，是大洋洲的第三大岛。

新喀里多尼亚岛面积为 18 575 平方千米，有世界上最大的潟湖。岛上植物种类繁多，是太平洋众多岛屿中植物种类最多的一个。这里有丰富的热带森林以及长期的火山运动，自然风光令人惊叹。东西部差距较大，东部是滨海地区，气候非常湿润，覆盖有茂密的植被，如椰子树、紫藤等；而西部则是一片稀树草原。岛上喀里多尼亚本地人（或称美拉尼西亚人）与欧洲人、印度尼西亚人、波利尼西亚人及其他亚洲人混合居住在一起。

松巴哇岛

松巴哇岛是印度尼西亚的岛屿，它与龙目岛组成西努沙登加拉省。此岛面积是 1.5 万多平方千米。岛上多山地，其中 1000 米以上的山峰约有 20 座，坦博拉活火山是群山中的最高峰，海拔 2851 米。1815 年坦博拉活火山爆发，给印度尼西亚造成了巨大的损失。岛上有众多海湾，曲折深入，位于中部的萨莱湾最大，几乎将岛屿分成了两段。岛上有丰富的物产，例如产稻米、柚木、白檀木和良种马，并且可开采硫黄。拉巴位于岛的东北岸，是此地区的行政中心。比马是一个比较有名的外港，是重要的马匹出口港。

萨马岛

萨马岛位于米沙鄢群岛东部，萨马海和菲律宾海之间，又被当地华人称为“三描岛”。它仅次于吕宋岛和棉兰老岛，是菲律宾第三大岛。

萨马岛东西宽 40~96 千米，南北长 160 千米，面积约 1.3 万平方千米。岛上居民多为萨马人和米沙鄢人。萨马岛上多山地、丘陵，海滨有狭窄平原。岛上河流众多，从岛的中心流向四周，岛上以海拔 150~300 米左右的山地为主。岛上年平均气温在 26℃以上，年雨量达 2 000~3 500 毫米。岛上主要城市有布阿岛、卡巴洛甘、甲描育等。岛上森林茂密，农产品主要有稻米、椰子、甘蔗、蕉麻、烟草、咖啡等。岛上工业以制药、制糖、木材加工等为主。岛上主要矿产资源有铬、铁、煤、金、铜、磷等。

新爱尔兰岛

新爱尔兰岛位于巴布亚新几内亚。它是西南太平洋俾斯麦群岛的第二大岛。新爱尔兰岛呈狭长状。岛上山脉众多，有茂密的森林。岛的东部靠海，土地比较肥沃，主要种植经济作物，有椰子、可可等。卡维恩位于岛的西北端，是主要港口，也是此地区的行政中心。

巴拉望岛

巴拉望岛位于南海同苏禄海之间，地处菲律宾，被称为“菲律宾的最后一片净土”。在两万多年以前，这里就有了人类的活动，这里是菲律宾迄今为止自然生态环境保护最完好的地方，故又被称为“最后的边疆”和“野生动植物的乐园”，1976 年被列为国家公园，公园有一条长 8 千米的地下河。巴拉望北部的卡拉依特岛是野生动物的天堂，充满原始森林的风貌。普林赛萨港是巴拉望州政府所在地，是该州的主要对外通道，也是与其他岛屿的联络点。塔本洞窟是巴拉望南部的著名景观，被称为菲律宾“文化的摇篮”。

班乃岛

班乃岛位于内格罗斯岛的西北部，南北长 152 千米，东西宽 120 千米，面积 11 520 平方千米。它西部有许多山地，海拔在 1 000 米以上；中部为班乃河谷地，地势比较低，土壤肥沃，为重要农业区；东部有丘陵，绵延起伏。气候炎热多雨。岛上农田较多，稻米种植面积占菲律宾第二位，仅次于吕宋岛。另外，作物还有玉米、甘蔗、烟草和椰子等。沿海盛产鱼，伊洛伊洛、罗哈斯是主要港口。岛上有煤、铬、铜、磷灰石等矿藏。

牙买加岛

牙买加是位于拉丁美洲加勒比海上的一个岛国，是西印度群岛的第三大岛。它隔海与古巴和海地为邻。岛上泉水密布，在高山幽谷间流淌，所以有“泉水之岛”之称。

牙买加岛的面积约 1.1 万平方千米，岛上多山岭，山峰都不很高，最高峰也只有 2 256 米。岛上属于热带海洋性气候，湿润多雨，丛林密布，鸟语花香。境内分布着大面积的石灰岩，这些岩石被酸性水侵蚀而出现裂缝、溶洞，岩石层中也出现了盛水的空间。当岩层受到地壳的挤压时，就会出现缺口，岩层中的水便流出地表形成泉水。牙买加首都金斯敦位于东南岸海湾内岛上最高山峰兰山西南脚下，附近有肥沃的瓜内亚平原，风景秀丽，是世界第七大天然深水良港，也是旅游、疗养胜地。

邦加岛

邦加岛位于苏门答腊岛与勿里洞岛之间，面积约 1.1 万平方千米。岛上居民主要是印度尼西亚人和汉族人口。邦加岛多为残丘低地，没有较高的山脉，其中有几座山脉高 300~600 米，沿岸多沼泽地。岛上气候较热，温暖湿润，年降水量达3 000 毫米。岛上矿产资源较为丰富，有锡、铜、铅等。锡砂产量最多，占印度尼西亚一半以上。沿海重要港口有行政中心槟港等。岛上农作物主要有陆稻、白胡椒、西谷、安息香等。

松巴岛

松巴岛东临萨武海，北隔松巴海峡与松巴哇岛和弗洛勒斯岛相望，是印度尼西亚小巽他群岛中的岛屿。松巴岛，面积 1.1 万多平方千米。松巴岛气候为典型的热带气候，全年平均气温在 26℃~28℃。从 12 月到次年 3 月为雨季，雨量丰富，河流一般不能通航。岛上多高地，大都在600~1 000 米，松巴峰是岛上最高峰，海拔 1 226 米。岛上居民多饲养良种马，并以此著称于世。岛上还有玉米、咖啡、烟草和稻米等农副产品。官方语言为印尼语，但酒店、机场、旅游业人员可以说英语。瓦英阿普位于岛的北岸，是此地区的行政中心。

布雷顿角岛

布雷顿角岛位于加拿大新斯科舍省东部，隔海峡与大陆相望，是北美洲大西洋上的岛屿。岛上有布拉多尔湖，将整个岛屿几乎分成了两半。岛的东部是工业区，岛的西部是种植区，种有许多谷物、蔬菜等。另外岛上养羊业、渔业和木材加工业也比较发达。卢嫩堡古城是该岛重要景点，每年吸引大批游客参观。

维提岛

维提岛是斐济群岛的第一大岛，面积为 10 429 平方千米，占斐济陆地面积的 50%以上，也是斐济群岛中经济最为发达和人口比较集中的地方，首都苏瓦市和楠迪国际机场就在这里。岛上有几条主要河流，部分河段适合航运。岛上的初级产品加工业和旅游业都比较发达。

新几内亚岛

新几内亚岛位于西太平洋的赤道南侧，南隔阿拉弗拉海和珊瑚海与澳大利亚大陆东北部相望，又称“伊利安岛”，是太平洋第一大岛和世界第二大岛。

新几内亚岛呈西北—东南走向，长约 2 400 千米，中部最宽处达720 千米，面积约 78.58 万平方千米。岛上多山，是世界上海拔最高的岛屿，大部分山地、高原，海拔都在 4 000 米以上。查亚峰是岛上最高峰，海拔 5 029 米，也是大洋洲的最高点。岛上山峰多为死火山锥。这些山岭道路崎岖，不利于发展交通。地处赤道南侧，东南部沿海属热带草原气候，海拔 1 000 米以上属山地气候，其余地区属热带雨林气候。新几内亚岛沿岸有沼泽和红树林，主要河流有曼伯拉莫河、塞皮克河、拉穆河、普拉里河、迪古尔河和弗莱河等。

维多利亚岛

维多利亚岛南与大陆隔海峡、海湾相邻，是北美大陆北部北冰洋群岛中三大岛屿之一，是以英国女王维多利亚的名字命名的，位于加拿大西北地区，是世界第九大岛屿。维多利亚岛面积21.73万平方千米，岛上地面低平，多为冰雪覆盖。岛上只有3个小居民点。岛上居民主要是因纽特人，主要以捕猎野生动物为生。

埃尔斯米尔岛

埃尔斯米尔岛位于加拿大的最北端，东北紧临格陵兰岛，是伊丽莎白女王群岛中面积最大的岛屿，为加拿大第三大岛。

埃尔斯米尔岛面积约为19.62万平方千米，岛上多峡湾，有的两侧悬崖高出海面700米，蔚为壮观。岛上生活着因纽特人，他们以麝牛和驯鹿为食，用它们的皮毛、骨骼作为衣服和武器，猎杀海洋动物。到了夏天，岛上的黑曾湖湖畔生机勃勃，长有苔藓、伏柳、石楠和虎耳草等，草原上有成群的麝牛和驯鹿，还有成千上万只雪白的北极兔竞相奔跑。

加拉帕戈斯群岛

加拉帕戈斯群岛，亦称科隆群岛，位于太平洋中，东距南美洲大陆约970千米，于1978年被联合国教科文组织列入《世界遗产名录》。

加拉帕戈斯群岛由9个较大岛与许多小岛组成，陆地面积7844平方千米，是由海底抬升的熔岩堆积物形成的一组海洋岛。群岛中最大的岛屿是伊萨贝拉岛，是由第三纪晚期的海底火山爆发形成的。加拉帕戈斯群岛北部有赤道穿过，受秘鲁寒流影响，气候凉爽干旱。岛上有许多矿产及珍奇异兽。最著名的动物有巨型海龟（又称“象龟”），它们的数量成千上万，身长多在1米以上，成熟的龟体重约180千克，最重的体重可达250千克，寿命最长的可达400年。1835年9月15日，岛上来了一艘名叫“贝格尔”号的英国海军测量船，著名生物学家达尔文就在这艘船上，他在岛上收集标本，研究发现岛上部分动植物是非常独特的。

著名海峡

海峡

海峡指的是两块陆地之间连接着两个大面积水域的狭窄通道。也就是说，海峡是夹在两个陆地之间，连接两个海或洋的狭窄水道，一般深度比较大，水流比较急。海峡是海上交通的走廊，它连接着两个海或两个洋或海和洋，例如，台湾海峡沟通东海和南海、麦哲伦海峡沟通太平洋和大西洋、直布罗陀海峡沟通地中海和大西洋。大约 1.5 万年以前，因纽特人和印第安人就越过白令海峡从亚洲进入北美洲；澳大利亚的土著居民大约在 2.5 万多年以前从马来群岛穿过托雷斯海峡在大陆定居下来。这时海峡就成了两个大陆之间交通的捷径。现在许多海峡处于重要的战略地位，是海洋上的交通要道。全世界共有海峡 1 000 多个，适于航海的海峡约有 130 多个，有 40 多个交通比较繁忙。

海峡的分类

根据海峡水域同沿岸国家的关系，海峡可以分为以下几种。

内海海峡：位于一个国家的领海基线以内，航行制度由沿岸国家自行制定，例如中国的琼州海峡。

领海海峡：如果海峡两岸分属两国，其宽度在两岸领海宽度以内，通常允许外国船舶享有无害通过权。航行制度由沿岸两国共同制定。如果是国际通航海峡，则适用过境通行制度。

非领海海峡：位于领海以外的海峡水域中，宽度大于两岸的领海宽度，这种海峡不属于任何国家，所以一切船舶均可自由通过。

海峡的形成

一般来讲，有两种作用可以形成海峡，一是海水通过地峡的裂缝经长期侵蚀可以形成海峡，二是海水淹没下沉的陆地低凹处可以形成海峡。

海峡的特性

海峡内一般水比较深，水流湍急且多涡流。海峡内的海水温度、盐度、水色、透明度等水文要素的垂直和水平方向的变化较大。海峡底质多为坚硬的岩石或沙砾，细小的沉积物较少。一般的海峡都利于航行，是海或大洋之间沟通的重要航道。有的海峡多暗礁，不利于航行。

马六甲海峡

马六甲海峡位于东南亚马来半岛与苏门答腊岛之间，是世界最繁忙的海峡之一，因马来西亚海岸上的贸易港口马六甲而得名，是太平洋与印度洋之间的重要通道，主要深水航道偏于海峡东侧，可容巨轮通过。海峡处于赤道无风带，适合航行。沿岸的新加坡港，是世界著名大港，能同时容纳许多船只停泊。许多发达国家进口的石油和战略物资都要经过这里。马六甲海峡长1 080 千米，西北部最宽达 370 千米，最窄处仅 5.4 千米。峡底较平坦，水深 25~27 米，最深处为 200 米。马六甲海峡年平均气温在 25℃以上，年降水量在 3 000 毫米左右。两岸地势低平，热带丛林遍布两岸，到处可见高达 60 米的树木。两岸也是热带橡胶、锡和石油的重要产地。西岸多红树林和海滩，淤积旺盛，东西海岸线每年可伸展 60~500 米，通航历史达 2 000 多年，是环球航线网中的一条重要航线。

直布罗陀海峡

直布罗陀海峡位于西班牙伊比利亚半岛南端和非洲西北角之间，北岸为西班牙，南岸为摩洛哥。它是大西洋和地中海之间的唯一海上通道，被称为“西方的生命线”。两岸山势雄伟，景色优美。沿岸有直布罗陀、阿耳赫西拉斯和塞卜泰（休达）等港口。1704 年，英国占领了直布罗陀，建立军事基地，控制着海峡的交通。直布罗陀海峡全长约 58 千米，西宽东窄，宽 13~43 千米，东深西浅，最浅处水深 301 米，最深处水深 320 米。直布罗陀海峡处于副热带高压带，年平均气温比较高，日照强烈，干旱少雨。冬春季节气温都在 0℃以上。

英吉利海峡

英吉利海峡位于英国和法国之间，是大西洋的一部分，西通大西洋，东北经多佛尔海峡连通北海，是世界上最繁忙的海上要道之一，也称“拉芒什海峡”。具有重要的战

略地位，有“银色航道”之称。海峡两岸港口密布，工业发达。南安普敦与勒阿弗尔是海峡上最大的港口。英吉利海峡是分割大不列颠岛和欧洲大陆的狭窄浅海，也是欧洲最小的一个陆架浅海。包括多佛尔海峡，长 560 千米，东窄西宽，最宽处 240 千米，最窄处 33 千米，最深处 172 米，平均水深 53 米。英吉利海峡潮汐落差较大，有丰富的水力资源，是世界海洋潮汐能源最丰富的地区之一。海峡盛产鱼类，也是重要的渔场。海峡地区气候冬季温暖，夏季凉爽，温差比较小，常年温暖湿润，多雨，并有大雾，日照比较少。1 月气温最低，平均为 4℃~6℃，7 月最高，约 17℃。

莫桑比克海峡

莫桑比克海峡位于马达加斯加岛和非洲大陆之间，沟通南北印度洋，是世界上最长的海峡。

莫桑比克海峡全长 1 670 千米，最大宽度为 960 千米，大部水深 2 000 米以上，最大水深为 3 533 米。海峡南北两端有尤罗帕岛和科摩罗群岛扼守，地势极为险要。海峡两岸地形复杂，两侧大陆架峡窄，陆坡陡峭。莫桑比克海峡大部分属于热带，终年炎热多雨，海中多珊瑚礁。莫桑比克海峡是世界上较繁忙的海上航道之一。自苏伊士运河通航后，欧亚之间的海上航程大为缩短，但 20 万吨级以上的超级油轮，仍需经过莫桑比克海峡取道好望角，每年有 2.5 万多艘海轮经过莫桑比克海峡。主要港口有贝拉、马普托、马哈赞加等。

德雷克海峡

德雷克海峡是从南美洲南端火地岛一直延伸到南极洲南设得兰群岛之间的一片水流非常湍急的区域，它位于南美洲和南极洲之间，紧邻智利和阿根廷两国，是大西洋和太平洋在南部相互沟通的重要通道。

德雷克海峡全长 300 千米，它是世界上最宽的海峡，其最宽处达 950 千米，最窄处也有 900 千米。该海峡是世界上最深的海峡，其最大深度为 5 840 米。德雷克海峡气候寒冷，海上多风暴，并且多发生地震，常吞噬航行的船只。

白令海峡

丹麦籍俄国探险家白令发现了此

海峡，于是被命名为“白令海峡”。

白令海峡最窄处约 85 千米，水深 30~50 米。它是两大洋（太平洋和北冰洋）、两个海（白令海和楚科奇海）、两个洲（亚洲和北美洲）、两个国家（俄罗斯和美国）、两个半岛（阿拉斯加半岛和楚科奇半岛）的分界线，国际日界线也通过海峡水道的中央。海峡中有大、小代奥米德岛，分属俄罗斯和美国。白令海峡地处高纬度，气候寒冷，多暴风雪，冬季最低气温可达-45℃以下，每年 10 月到次年 4 月结冰，厚 2 米多，严重影响航行。白令海峡在第四纪冰期时，海面比现在低一二百米，海峡成为亚洲和北美洲之间的“陆桥”，当时欧亚大陆上的许多动物便通过“陆桥”进入北美洲的中部和南部，并在那里定居下来。

台湾海峡

台湾海峡位于中国台湾省和福建省之间，是连接东海和南海的唯一通道，是中国最大的海峡。

台湾海峡呈东北—西南走向。海峡南北长约 440 千米，最窄处约 130 千米。台湾海峡通常以福建平潭岛至台湾岛北侧的富贵角的连线为北界，以福建东山岛至台湾岛最南端鹅銮鼻连线为南界。海峡中南部偏东侧有澎湖列岛，它与台湾岛西岸由一宽约 37 千米的澎湖水道隔开。台湾海峡全部位于大陆架上，海底地形起伏不平，资源丰富，鱼虾种类多，台湾浅滩是中国重要渔场之一，主要经济鱼类有带鱼、鱿鱼、黄花鱼等。海峡地区养殖业很发达，主要出产牡蛎、花蛤等，藻类有石花菜、紫菜和海带等。海峡两岸南部，是中国有名的海盐产地，素有“东南盐仓”之称。此外，海峡地区富有石油资源，还有磁铁矿等矿产资源。台湾海峡具有重要的国际航行价值，东北亚各国与东南亚、印度洋沿岸各国间的海上往来，从这儿经过比较近便。台湾海峡有中国东南的“海上走廊”之称。

鞑靼海峡

鞑靼海峡位于俄罗斯境内，太平洋西北部，是沟通鄂霍次克海和日本海的海峡。海峡长 633 千米，北部宽 40 千米，南部宽 342 千米，最窄处为 7.3 千米，深 8~230 米。尼古拉耶夫斯克（庙街）和苏维埃港等是沿岸主要城市。

宗谷海峡

宗谷海峡位于俄罗斯萨哈林岛南端与日本北海道岛西北端之间，是沟通鄂霍次克海和日本海的海峡。18 世纪 80 年代航海家拉彼鲁兹航行到此，海峡因此又被称为“拉彼鲁兹海峡”，日本人称“宗谷海峡”。海峡长 101 千米，最窄处 43 千米，深 50~118 米。海峡中有两股海流，中北部海水温度低于南部，北部平均水温为 6.5℃，盐度为32.5‰，南部平均水温为 15℃，盐度为 34.1‰，冬季多流冰和大风，夏季多大雾，不利于航行。科尔萨科夫是北部良港。海峡附近盛产鲱鱼和海带。

津轻海峡

津轻海峡位于日本本州岛与北海道岛之间，是沟通日本海与太平洋的水道，具有重要的战略地位。海峡长 110 千米，宽 18.5~78 千米，深 131~521 米，中间宽两端窄。海峡内海浪波涛汹涌，不利于航行，1982 年建成了连接日本本州的青森和北海道函馆的青函隧道。海峡内汇合有几种海流，富含营养物质，有大量的浮游生物，盛产鱼类，沿海地区有渔业基地。

朝鲜海峡

朝鲜海峡位于朝鲜半岛东南与日本九州岛、本州岛之间，海峡是沟通日本海与东海、黄海的重要通道。

朝鲜海峡呈东北—西南走向，长约 300 千米，宽约 180 千米，水深 50~150 米。海峡底部地形平坦，便于航行。海峡两端区域开阔，海岸线曲折，多岛屿，有巨济、对马、平户和壹岐岛等。海峡被对马岛分割成东西两大水道。两岸海港众多，较优良。海峡地区属于温带季风气候，表面水温冬季 10℃~15℃，夏季 20℃~25℃。海峡冬季海浪大，夏季多西风和西南风，降水比较丰富，年降水量达 1 400~2 200 毫米。海峡渔产丰富，渔港有釜山、长崎、福冈等。

对马海峡

对马海峡位于亚洲东部偏北，向西与黄海相通，向西南抵达东海，东入太平洋，北连日本海，是中国和日本之间的交通要道，具有重要的战略地位。广义指日本对马岛与壹岐岛之间的水道。海峡呈东北—西南走向，长 222 千米，宽46.3 千米，中部水深过百米，底部比较平缓。海岸线曲折，多岛屿。著名港口有下关、福冈、北九州等。对马海峡有一组方向相反的暖流和寒流。海峡地区还是重要的渔场，冬春之际为最佳捕鱼时间。

根室海峡

根室海峡位于日本北海道和国后岛之间，沟通鄂霍次克海和太平洋。海峡宽 35~70 千米，中部海峡最狭窄处仅 16 千米，深 5~30 米，南口水深 20~30 米，中部 5~10 米，北口的中部超过 2 000 米。海峡 1—2 月水面结冰。海峡地区盛产鱼类，知床半岛东岸的罗臼港是著名的渔业基地。

关门海峡

关门海峡位于日本下关与九州岛北端北九州之间，是沟通日本海与濑户内海的海峡。最深处达 20 米。海峡长 28 千米，最窄处仅 1.8 千米，最深处达 20 米。航道最浅处为 10 米。

大隅海峡

大隅海峡位于日本九州岛南端的大隅半岛和大隅诸岛之间，是沟通东海与太平洋的海峡。许多国家的船只都从这里经过，是东海进入太平洋到达北美的最近航道，各国船只可以自由通过。中美贸易的运输量占这条海路运输总量的 1/4 左右。

济州海峡

济州海峡位于朝鲜半岛西南端与济州岛之间，西连黄海，东通朝鲜海峡，宽 130 千米，是朝鲜半岛东西两岸海上联系的重要航道。半岛附近 100 米左右有大陆架，渔业资源丰富，并有海底石油。济州岛侧水深达 140 米。海峡中有众多岛屿，楸子群岛、青山岛、獐水岛等是比较有名的岛屿。

渤海海峡

渤海海峡位于中国的辽东半岛和山东半岛之间，是沟通渤海与黄海的海峡，是渤海内外海运交通的唯一通道。海峡南北宽约 105 千米。庙岛群岛位于海峡中，把海峡分隔成 8 条长短不同的水道，有老铁山水道，大、小钦水道，北砣矶水道，南砣矶水道，长山水道，登州水道等。一般水道深 20~40 米，其中老铁山水道最深处为 83 米。海峡渔产丰富，庙岛群岛为重要的渔场。海峡内有大小岛屿 15 个。

苏里高海峡

苏里高海峡是沟通莱特湾和保和海的海峡。海峡呈狭长形状，长约 55 千米，最窄处宽约 18 千米，南口较窄约 22 千米，北口较宽约 46 千米，呈喇叭状。海峡内水流湍急，旋涡翻滚，两岸有礁石和悬崖峭壁，山峰林立。从地形上看这是一处绝佳的伏击阵地，舰队只要在出口一字排开，敌人就很难通过海峡，所以自古以来也是战略要地。

新加坡海峡

新加坡海峡位于马来半岛南部的新加坡和印度尼西亚廖内群岛之间。此海峡为马六甲海峡的一部分，是沟通太平洋和印度洋的重要的水上航道。海峡长 105 千米，宽4.6~37 千米，深 22~157 米。海峡内多岛屿和浅滩，海峡地区终年高温多雨，风力比较弱，两岸景色秀丽，利于航行，也是著名的旅游胜地。此海峡是世界上航运最繁忙的水道之一。

巴斯海峡

巴斯海峡位于澳大利亚东南端突出部分与塔斯马尼亚岛之间，是由第三纪新构造运动大陆陷落形成的，是沟通南太平洋和印度洋的海峡。海峡东西长约322 千米，南北宽 129~241 千米，平均水深 70 米。海峡西边有金岛，东端有弗林德斯岛。海峡东北水域有石油资源。

库克海峡

库克海峡位于新西兰南岛和北岛之间，是由地壳沉陷形成的，是沟通南太平洋和塔斯曼海的海峡。1770 年，英国航海家詹姆斯·库克曾到此，所以此海峡被命名为“库克海峡”。海峡长 205 千米，宽 26~145 千米，平均水深 128 米。海峡两侧是悬崖峭壁，海面波涛汹涌，水流湍急。海峡地区气候冬温夏凉，年温差变化不大，1 月平均气温 15℃左右，7 月平均气温 8℃左右，年降水量约 1 000 毫米。惠灵顿岛和南岛布莱尼姆之间通火车和轮渡。

哈得孙海峡

哈得孙海峡位于加拿大魁北克省北部和巴芬岛之间，是加拿大东海岸外一条海底大峡谷。1610 年，英国探险家亨利·哈得孙首次驶船通过该海峡，由此海峡便以他的名字命名。

哈得孙海峡是连接哈得孙湾和福克斯湾与拉不拉多海的通道。海峡地区气候寒冷，大部分时间有冰冻，仅夏末秋初可通航，其余大部分时间需要用破冰船开通航道。

丹麦海峡

丹麦海峡位于丹麦属地格陵兰岛东南部和冰岛之间，处于北极圈上，是沟通北冰洋和北大西洋的海峡。海峡多浮冰和冰山，是由东格陵兰寒流带来的。第二次世界大战期间，英德海军曾在此海峡激战。

卡特加特海峡

卡特加特海峡位于日德兰半岛和瑞典西海岸之间，是斯卡格拉克海峡的延伸部分，是波罗的海通向大西洋的水上交通要道。海峡长 225 千米，宽 60~160 千米，深 10~124 米。流入海峡的河流众多，有约塔河、拉甘河、尼桑河、艾特兰河和维斯坎河等。海峡中有许多岛屿，较大的岛有莱斯岛和安霍尔特岛。海峡冬季沿岸结冰，盛产鲱鱼、鲭鱼等。此海峡是航运比较繁忙的水域之一，主要港口有哥德堡、奥胡斯等。

利姆海峡

利姆海峡位于日德兰半岛的北部，原是北海和卡特加特海的两个峡湾，100 多年前才形成海峡。海峡呈西南—东北走向，长约 180 千米，宽 24 千米，深 3~5 米，最深处达 15 米多。海峡横贯日德兰半岛北部，把北部地区同丹麦大陆分开。海峡西部多湖泊。

厄勒海峡

厄勒海峡位于瑞典西南部和丹麦的西兰岛之间，沟通波罗的海和卡特加特海峡。

厄勒海峡长 110 千米，大部分地段宽 4~28 千米，水深 12~28 米。海流由西南向东北流，受海峡约束，海潮增大。海峡地区多雾，航道窄，航运比较繁忙，是西北欧 10 多个国家与世界各地进行联系的重要海上航线，是世界上最繁忙的海上航道之一。

大贝尔特海峡

大贝尔特海峡又称“大海峡”，位于丹麦西兰岛和菲英岛之间，北经萨姆斯岛海峡同卡特加特海峡相通，南由朗厄兰海峡同波罗的海相连。海峡长 64 千米，宽 16~32 千米，水深 12~58 米。海峡冬季严寒，水面结冰，不能通航。海峡上有大贝尔特海峡大桥，长 1 624 米，是世界上第二长的悬索桥，桥孔高 65 米，任何巨轮都可以通航。

小贝尔特海峡

小贝尔特海峡又称“小海峡”或“小带海峡”，位于丹麦菲英岛和日德兰半岛之间，北连卡特加特海峡，南通波罗的海基尔湾。海峡长约 50 千米，宽 0.8~28 千米，水深7~75 米。海峡冬季比较寒冷，水面结冰，不能通航。港口较多，菲英岛的米泽尔法特、阿森斯和日德兰半岛上的腓特烈西亚是主要港口。海峡上有新小贝尔特桥和旧小贝尔特桥。

费默海峡

费默海峡位于德国费马恩岛和丹麦的洛兰岛之间，是欧洲波罗的海西南部的海峡，是连接基尔湾和梅克伦堡湾的水上航道。海峡宽 18 千米，最深处为 30 米。费马恩岛的普特加登和洛兰岛的勒兹比港是沿岸主要港口。

卡尔马海峡

卡尔马海峡位于瑞典大陆东南部和厄兰岛之间，是波罗的海内的海峡。海峡长 140 千米，宽 3~22 千米。主要港口有卡尔马、奥斯卡港和博里霍尔姆等。这里有欧洲最长的公路桥联系两地，桥长 6 070 米。

伊尔贝海峡

伊尔贝海峡位于爱沙尼亚萨雷马岛南端和拉脱维亚西北岸之间，在波罗的海的东南部，是沟通里加湾和波罗的海的海峡。海峡长 65 千米，宽 33 千米，深 10~20 米。海峡冬季水面结冰，不能通航。

克瓦尔肯海峡

克瓦尔肯海峡位于波的尼亚湾南、北部，分别是南克瓦尔肯海峡和北克瓦尔肯海峡，是瑞典和芬兰部分地区进出波的尼亚湾和波罗的海的重要通道。

北海峡

北海峡位于英国的苏格兰和爱尔兰岛东北部之间，是沟通大西洋和爱尔兰海的海峡。海峡长约 170 千米，最窄处 20 千米，最大深度 272 米。阿伦岛位于海峡上，岛上设有灯塔。

圣乔治海峡

圣乔治海峡位于英国的威尔士和爱尔兰岛之间，是沟通爱尔兰海和大西洋的海峡。海峡南北长约 160 千米，最窄处 74 千米，最大深度 113 米，航道最浅处 82 米。

多佛尔海峡

多佛尔海峡位于英国和法国之间，是沟通北海和大西洋的海峡。海峡长 30~40 千米，最窄处仅 33 千米，大部分水深 25~55 米，最深达 64 米。此海峡是国际上的重要航道，西北欧 10 多个国家与世界各地之间的许多海上航线从这里通过；同时它又是欧洲大陆与英国距离最短的地方，是航运比较繁忙的海峡之一。

墨西拿海峡

墨西拿海峡位于亚平宁半岛和西西里岛之间，是地中海中沟通第勒尼安海和伊奥尼亚海的海峡。长 40 千米，宽 3.5~22 千米，最大深度 1 240 米。海峡内有希拉岩礁与卡里布迪斯大旋涡，水流湍急，不利于航行。墨西拿和雷焦卡拉布里亚分别位于海峡的西岸和东岸，是两个主要港口。墨西拿海峡上建设的墨西拿大桥是世界上较长的悬索桥之一。

突尼斯海峡

突尼斯海峡位于非洲突尼斯与欧洲意大利的西西里岛之间，是地中海中段的重要水道。海峡最窄处 148 千米，深达 1 200 多米，历来是东、西地中海之间的航运要道。水道东边有意大利的潘泰莱里亚岛把持，西有突尼斯的卡本半岛扼守。

马耳他海峡

马耳他海峡是沟通地中海东、西部的海峡，位于马耳他和意大利之间，重要城市有利卡塔、瓦莱塔等。

奥特朗托海峡

奥特朗托海峡是沟通亚得里亚海与伊奥尼亚海的海峡。海峡长 120 千米，最窄处宽 72 千米，深 670~1 070 米。在阿尔巴尼亚西岸和意大利萨伦蒂纳半岛之间。

克基拉海峡

克基拉海峡位于伊奥尼亚海北部，在阿尔巴尼亚南端海岸同希腊克基拉岛（科孚岛）之间，是阿尔巴尼亚西南沿海和希腊西部沿海间的海上通道。海峡长 48 千米，北口宽2.4 千米，南口宽 9.6 千米。

卡尔帕索斯海峡

卡尔帕索斯海峡是沟通爱琴海和地中海的海峡，附近重要城市有卡塔维亚、卡尔帕索斯等。

博斯普鲁斯海峡

博斯普鲁斯海峡又名“伊斯坦布尔海峡”，北连黑海，南通马尔马拉海，把土耳其领土分隔成亚洲和欧洲两部分。海峡西岸是巴尔干半岛东部的突出部分，东岸是亚洲小亚细亚半岛西北端的突出部分，是黑海沿岸国家唯一的出海口，也是国际著名水道。

博斯普鲁斯海峡全长30千米，北口最宽3.6千米，中部最窄708千米，最深80米，最浅27.5米。海峡中央一带，渔业资源丰富。博斯普鲁斯公路大桥位于海峡南端的最窄处，是欧洲第一大吊桥，横跨海峡，连接着亚欧大陆。海峡中段有一座古堡，现在海峡地区已经成为土耳其的旅游胜地。

贝尔岛海峡

贝尔岛海峡位于北美洲的加拿大纽芬兰岛和拉布拉多半岛之间，是圣劳伦斯湾通往大西洋最靠北的通道，也是从欧洲到圣劳伦斯地区最直接的航道。1534年6月9日，卡尔迪耶穿过了这个海峡，并且发现了一个小岛，他把此岛命名为“贝尔岛”意为“美丽之岛”，这个海峡就被称为“贝尔岛海峡”。海峡长56千米，宽24千米。海峡11月至次年6月为冰冻期，不能通航。

卡伯特海峡

卡伯特海峡位于加拿大东部的纽芬兰岛和布雷顿角岛之间，是沟通圣劳伦斯湾与大西洋的海峡，海峡沿岸重要港口有钱纳尔-巴斯克港等。

莫纳海峡

莫纳海峡位于加勒比海北缘，大安的列斯群岛东部的伊斯帕尼奥拉岛、波多黎各岛之间，沟通加勒比海与大西洋。海峡长 110 千米，最窄处宽 105.6千米，最大深度为 1 570 米，航道最深处为 60 米。海峡中部有莫纳岛。主要港口有波多黎各岛西岸的马亚圭斯。

牙买加海峡

牙买加海峡位于牙买加和伊斯帕尼奥拉岛之间，是沟通加勒比海不同海域之间的海峡，位于牙买加、古巴和海地之间。

阿内加达海峡

阿内加达海峡位于英属维尔京群岛和安圭拉之间，是沟通大西洋和加勒比海的海峡。海峡两岸重要城市有罗德城和瓦利。

瓜德罗普海峡

瓜德罗普海峡位于瓜德罗普岛和安提瓜岛之间，是小安的列斯群岛中背风群岛的海峡，是进出加勒比海和大西洋之间的水上通道，宽约 55 千米。

圣文森特海峡

圣文森特海峡是沟通加勒比海与大西洋的海峡，沿岸重要城市有维约堡等。

麦哲伦海峡

麦哲伦海峡位于南美洲大陆南端和火地岛之间。海峡东连大西洋，西通太平洋，是由地壳断裂下陷形成的。1520 年，葡萄牙航海家麦哲伦首先驶船通过此海峡，故以他的名字命名为“麦哲伦海峡”。

麦哲伦海峡东西长 600 千米，南北宽 3.3~33 千米。东段两岸地势低平，中段和西段海岸曲折。航道最小水深 31~33 米。海峡海岸线曲折，两岸岩壁陡峭。海峡处于西风带，海峡中低温多雨并且多大风和雾，水流湍急，不利于航行。巴拿马运河开通以前，它是南大西洋和南太平洋之间的重要航道。

明打威海峡

明打威海峡是印度尼西亚的海峡，是沟通印度洋不同海域的海峡，宽 90~137 千米。沿岸重要城市有巴东、派南等。

霍尔木兹海峡

霍尔木兹海峡位于波斯湾东口、阿曼半岛和伊朗之间，是波斯湾通向印度洋的唯一通道。霍尔木兹一词来自波斯语，意为“光明之神”。霍尔木兹海峡中有一座霍尔木兹岛，因此海峡被命名为“霍尔木兹海峡”。

霍尔木兹海峡全长 150 千米，南北宽 55~95 千米。海峡中多岛屿、岩石和海滩，南岸穆桑代姆半岛突入海峡，使海峡呈“人”字形。海峡地区属于热带沙漠气候，终年炎热干燥。海峡表层水温比较高，年平均水温约为 26℃，最热月达 31℃，最冷月为 21℃。海峡蒸发强烈，海水盐度大，年降水量只有 300 毫米。霍尔木兹海峡是重要的国际石油输出通道，是西方国家的石油“大动脉”，号称“世界油库的总阀门”。此海峡被阿曼、伊朗、阿拉伯联合酋长国三国扼守，被称为“石油海峡”。这里分布着大约 34 个运输石油和天然气的管道端点，每年从这里运出的石油占世界石油出口总量的一半以上。

奔巴海峡

奔巴海峡是连接奔巴岛和非洲大陆的海峡，宽 57 千米。奔巴海峡沿岸是著名的旅游胜地。海峡沿岸重要城市有坦噶、韦提等。

喀拉海峡

喀拉海峡位于俄罗斯西伯利亚以北，是北冰洋的一部分，是沟通伯朝拉湾与喀拉海的海峡。海峡长 33 千米，宽 45~58 千米，深 50~119 米。其沿岸的主要城市有多尔加亚古巴等。

尤戈尔斯基沙尔海峡

尤戈尔斯基沙尔海峡宽 2.5~12 千米，海底地势较为平坦，深 15~36 米。

马托奇金沙尔海峡

马托奇金沙尔海峡长约1 000千米，宽 40~110 千米，面积 8.26万平方千米。

拉普捷夫海峡

拉普捷夫海峡位于西伯利亚沿岸的泰梅尔半岛、北地群岛、新西伯利亚群岛之间。海峡东连东西伯利亚海，西通喀拉海，北临北冰洋。海峡北深南浅，海域有 3/4 面积位于大陆架上。海峡位于北极圈内，气候严寒，海面封冰期达9 个月以上，夏季仍有浮冰，不利于航运。提克西是主要港口。海峡沿岸有海豹、海象、北极熊等动物。

朗加海峡

朗加海峡位于俄罗斯北冰洋沿岸与弗兰格尔岛之间，是沟通东西伯利亚海与楚科奇海的海峡。海峡长 125~165 千米，宽 95 千米，深 40~44 米。